Scoprire i Giochi Gratuiti Online

Disponibile Qui:

BestActivityBooks.com/FREEGAMES

5 CONSIGLI PER INIZIARE

1) COME RISOLVERE LE PAROLE INTRECCIATTE

I puzzle hanno un formato classico:

- Le parole sono nascoste senza spazi o trattini,...
- Orientamento: Le parole possono essere scritte in avanti, indietro, verso l'alto, verso il basso o in diagonale (possono essere invertite).
- Le parole possono sovrapporsi o intersecarsi.

2) APPRENDIMENTO ATTIVO

Accanto ad ogni parola c'è uno spazio per scrivere la traduzione. Per incoraggiare l'apprendimento attivo, un **DIZIONARIO** alla fine di questa edizione vi permetterà di controllare e ampliare le vostre conoscenze. Cerca e scrivi le traduzioni, trovale nel puzzle e aggiungile al tuo vocabolario!

3) SEGNARE LE PAROLE

Puoi inventare il tuo sistema di segni. Forse ne usi già uno? Per esempio, puoi segnare le parole difficili da trovare con una croce, le parole preferite con una stella, le parole nuove con un triangolo, le parole rare con un diamante, e così via.

4) STRUTTURARE L'APPRENDIMENTO

Questa edizione offre un **TACCUINO** alla fine del libro. In vacanza, in viaggio o a casa, puoi organizzare facilmente le tue nuove conoscenze senza bisogno di un secondo quaderno!

5) AVETE FINITO TUTTE LE GRIGLIE?

Nelle ultime pagine di questo libro, nella sezione della **SFIDA FINALE**, troverete un gioco gratuito!

Facile e veloce! Dai un'occhiata alla nostra collezione di libri di attività per il tuo prossimo momento di divertimento e **apprendimento,** a portata di clic!

Trova la tua prossima sfida su:

BestActivityBooks.com/MioProssimoLibro

Ai vostri posti, pronti...Via!

Sapevi che ci sono circa 7.000 lingue diverse nel mondo? Le parole sono preziose.

Amiamo le lingue e abbiamo lavorato duramente per creare libri di altissima qualità. I nostri ingredienti?

Una selezione di argomenti adatti all'apprendimento, tre buone porzioni di intrattenimento, una cucchiaiata di parole difficili e una spolverata di parole rare. Li serviamo con amore e entusiasmo in modo che tu possa risolvere i migliori giochi di parole e divertirti imparando!

La vostra opinione è essenziale. Puoi partecipare attivamente al successo di questo libro lasciandoci un commento. Ci piacerebbe sapere cosa ti è piaciuto di più di questa edizione.

Ecco un link veloce alla pagina dell'ordine:

BestBooksActivity.com/Recensione50

Grazie per il vostro aiuto e buon divertimento!

Tutta la squadra

1 - Salute e Benessere #2

```
D P A B O V V A R D Z L B B
I D N P L F P A Ž A S A M O
J V I A E P И H R J И L C L
E M Ž N T T T T S E L O B N
T V E A A L I I A N N G И I
A D T T D Z D T V S U J N C
K R V O G E N E T I K E E A
J S P M I S H R A N E O A J
V P V I E K A L O R I J A I
E N E J I G I H P E J N P G
J O И E J I C K E F N I N R
D H K C A L E R G I J E G E
D E H I D R A C I J E P P N
V I T A M I N F A K J Z C E
```

ALERGIJE
ANATOMIJE
APETIT
KALORIJA
TELO
DIJETA
VARENJE
DEHIDRACIJE
ENERGIJA
GENETIKE

HIGIJENE
INFEKCIJE
BOLEST
MASAŽA
ISHRANE
BOLNICA
TEŽINA
KRV
ZDRAV
VITAMIN

2 - Aggettivi #2

```
D  P  J  M  B  R  V  И  P  И  O  R  G  T
E  R  O  A  J  J  I  И  M  O  N  A  L  S
L  V  A  N  K  A  S  D  P  O  R  A  A  Z
E  Z  G  M  O  S  V  A  H  V  J  N  D  L
G  N  A  И  A  S  V  T  F  I  J  K  A  N
A  O  V  G  G  T  N  S  O  J  J  R  N  P
N  V  R  A  O  A  I  I  K  L  N  E  H  R
T  A  F  I  C  N  N  Č  T  M  O  A  Z  I
A  O  J  M  M  Z  S  G  A  I  R  T  D  R
N  I  D  M  T  O  I  A  L  N  M  I  R  O
L  L  N  A  H  P  P  S  S  A  A  V  A  D
S  U  V  A  Z  J  O  Z  P  Z  L  N  V  N
T  O  D  G  O  V  O  R  A  N  N  E  P  O
P  C  I  N  V  I  T  K  U  D  O  R  P  D
```

GLADAN	PRIRODNO
SUVA	NORMALNO
KREATIVNE	NOVA
OPISNI	PONOSNI
SLATKO	PRODUKTIVNI
DRAMATIČAN	ČISTA
ELEGANTAN	ODGOVORAN
POZNAT	SLANO
JAK	ZDRAV
ZANIMLJIVO	

3 - Ingegneria

```
D  J  K  D  I  J  A  G  R  A  M  F  E  I
C  I  И  O  R  O  T  A  C  I  J  E  N  K
Y  U  S  U  N  D  I  Z  E  L  P  Y  E  U
H  A  Y  T  M  S  A  R  U  U  P  M  R  A
P  I  C  R  R  D  T  K  R  U  O  A  G  T
V  R  Y  L  L  I  F  R  Z  R  G  Š  I  S
B  U  E  L  V  O  B  J  U  S  O  I  J  O
A  K  Y  Č  U  S  Y  U  H  K  N  N  A  N
И  K  Z  H  N  T  A  O  C  A  C  A  G  L
M  O  T  O  R  I  T  C  L  I  N  I  Z  I
T  E  Č  N  O  G  K  U  C  C  J  P  J  B
P  S  R  O  S  E  S  G  B  E  M  A  R  A
S  N  A  G  E  S  D  A  N  I  B  U  D  T
M  E  R  E  N  J  E  O  V  U  B  P  C  S
```

UGAO	TEČNOG
OSE	MAŠINA
KONSTRUKCIJA	MERENJE
DIJAGRAM	MOTOR
PREČNIK	DUBINA
DIZEL	POGON
DISTRIBUCIJA	ROTACIJE
ENERGIJA	STABILNOST
SNAGE	

4 - Archeologia

```
C U O G R O B N I C A P I P
I M I T F H E J U J V A S O
V Z V Y O E T O I P D Z T T
I B A O S A K K O S T I R O
L E R E I J E S I N B L A M
I N O O L I J T P A T A Ž A
Z I B L S R B A R E C N I K
A D A P T E O N R N R A V K
C O Z A N T F Z A A H T A P
I G R S M S E O K R R A Č A
J F V R S I H P R I A P R V
E N E L H M I E O P M L Y S
A N T I K E A N E C O R P N
R E L I K V I J A N I Z U O
```

ANALIZA

GODINE

ANTIKE

CIVILIZACIJE

ZABORAVIO

POTOMAK

ERE

EKSPERT

FOSIL

MISTERIJA

OBJEKTE

KOSTI

PROFESOR

RELIKVIJA

ISTRAŽIVAČ

NEPOZNAT

TIM

HRAM

GROBNICA

PROCENA

5 - Salute e Benessere #1

```
A P O T E K E Z D A O K J B
Y G R L E K A U V K H O R U
C M N E P T S U R I V Ž I Z
L K A V N M I U V V S A R A
A E A J I R E T K A B I D H
K H K E I S M D K N P G N И
T O I A T C J B C B A G E A
I R P V R Y A M I Š I Ć A F
V M P A R R A S K E L F E R
A O T E N E A P K K A K J R
N N K L I N I C I A D V T U
O A G L A D A E M O L E R P
Ž I V A C A J I P A R E T G
S T A V T R E T M A N B R E
```

NAVIKA
VISINA
AKTIVAN
BAKTERIJA
KLINICI
GLAD
APOTEKE
PRELOM
LEK
LEKAR

MIŠIĆA
ŽIVACA
HORMONA
KOŽA
STAV
REFLEKS
RELAKSACIJA
TERAPIJA
TRETMAN
VIRUS

6 - Aggettivi #1

```
И P O N Č I T A M O R A I U
E G Z O T I Č N E G D P D M
A K Š E T N R A N U F S E E
K M M L A D P V D D T O N T
I S B V L P N I E L H L T N
L A T I И I J T R M Y U I I
E V A M C N U K V J P T Č Č
V R N I O I N A M H S N A K
A Š A J N D O R O P S E N E
E E K R Ž J E Z U J L И E J
T N I И A P J R A J G C R P
A O R A V N J B A N V F K R
O G R O M A N J L N A I S P
V E L I K O D U Š A N T I K
```

AMBICIOZAN
AROMATIČNO
UMETNIČKE
APSOLUTNE
AKTIVAN
OGROMAN
EGZOTIČNE
VELIKODUŠAN
MLAD
VELIKA

IDENTIČAN
VAŽNO
SPORO
DUGO
MODERAN
ISKREN
SAVRŠENO
TEŠKA
VREDNE
TANAK

7 - Geologia

```
G A N S G E K U A H K M K K
E S K R G U O Z P F O S A R
J H L T F F R G Y Y N Z L I
Z U K O V T A V A L T V C S
I P V C J S L R N P I U I T
R O A N R E V A K B N L J A
S E R T O J L M E Z E K U L
R K C A I V N P V G N A M A
E R O Z I J E E Z N T N N F
P F Z U I M I N E R A L A L
P L I S O F T E P C P O G A
A A A L A T I M G A L A T S
G O R T I T K A L A T S Y E
U C A B O N S K U S T V A N
```

PLATO	MINERALA
KALCIJUM	KAMEN
KAVERNA	KVARC
KONTINENT	SO
KORAL	STALAGMITA
KRISTALA	STALAKTIT
EROZIJE	SLOJ
FOSIL	ZEMLJOTRES
GEJZIR	VULKAN
LAVA	

8 - Campeggio

```
Z A C P J C M P Š D A И E K
F C F Z A Z E R A R P N J A
P G Z I V И S I T V O L N N
A P N O A F E R O E H F I U
K O Z U G L C O R Ć A И T F
R O Y P P A N D S A P M O K
I E N I B A K A T P E F V J
Š N M O A T M F F A A H I E
E K S D P Z A И F M V C Ž Z
Š O A E A A A Ć E S I V Š E
Z O C P K A C B P P N U U R
V N N G Y T Z R A Ž O P M O
A V A N T U R A R V Y A A G
P L A N I N E Z A Z A Z Y B
```

DRVEĆA	ZABAVA
VISEĆA	ŠUMA
ŽIVOTINJE	POŽAR
AVANTURA	INSEKT
KOMPAS	JEZERO
KABINE	MESEC
LOV	MAPA
KANU	PLANINE
ŠEŠIR	PRIRODA
KONOPAC	ŠATOR

9 - Arti Visive

```
S  P  G  R  E  K  I  M  A  R  E  K  P  N
S  T  O  Š  A  B  L  O  N  E  F  U  E  N
A  R  A  R  R  D  H  P  K  M  S  G  R  F
S  A  Z  L  T  T  L  M  L  E  K  A  S  O
T  R  G  F  A  R  N  O  F  K  A  L  P  T
A  U  Z  M  T  K  E  V  K  D  E  J  E  O
V  T  S  O  N  V  I  T  A  E  R  K  K  G
A  K  F  P  T  M  J  S  K  L  U  I  T  R
R  E  N  I  L  G  L  R  V  O  T  N  I  A
N  T  P  Y  L  R  S  A  O  P  P  T  V  F
C  I  I  S  M  M  И  K  L  G  L  E  E  I
J  H  K  R  E  D  E  I  O  P  U  M  O  J
O  R  V  O  S  A  K  L  R  S  K  U  C  A
L  A  P  P  И  P  И  S  G  V  S  E  I  B
```

ARHITEKTURA
GLINE
UMETNIK
REMEK-DELO
UGALJ
STALAK
VOSAK
KERAMIKE
SASTAV
KREATIVNOST

FILM
FOTOGRAFIJA
KREDE
OLOVKA
SLIKARSTVO
PERSPEKTIVE
PORTRET
SKULPTURE
ŠABLON
LAK

10 - Tempo

```
N G O D I Š N J E N D O P E
N O И R L T J P O S L E E K
O T Ć E T R U A K O T A S A
P Z H R B E Č N D Y S U M L
R C E G U N E S N A O C C E
J U T R O U H E E C N A G N
H N M I Z T R Y D E Ć A G D
Z U E I B A U E E S U N S A
P G F И N K E V L E D I E R
C S T I U U T A J M U D P U
U S K O R O T A A S B O D O
L A B I M D A T S S V G B K
N U V P D A Y P D F D A N L
D R K R P R E J I N E C E D
```

GODINA

GODIŠNJE

KALENDAR

DECENIJE

POSLE

BUDUĆNOST

DAN

JUČE

JUTRO

MESECA

PODNE

MINUT

TRENUTAK

NOĆ

DANAS

SAT

USKORO

PRE

VEK

NEDELJA

11 - Astronomia

```
A  G  R  A  V  I  T  A  C  I  J  E  R  E
S  U  P  E  R  N  O  V  A  E  S  A  P  Z
D  C  K  A  A  H  K  C  V  L  V  S  A  R
M  L  P  O  K  S  E  L  E  T  E  T  S  A
H  F  Z  C  S  K  T  S  H  G  M  E  T  Č
K  S  P  K  K  M  A  R  P  R  I  R  R  E
Y  C  J  B  J  O  O  J  O  C  R  O  O  N
M  E  T  E  O  R  U  S  U  N  G  I  N  J
G  A  L  A  K  S  I  J  A  P  A  D  O  A
N  Z  A  D  S  Y  E  C  A  Z  T  U  M  P
E  T  N  N  И  P  V  M  E  S  E  C  T  B
B  N  E  B  U  L  A  B  U  A  K  И  L  A
O  Z  E  M  L  J  E  T  E  N  A  L  P  И
P  I  S  A  Z  V  E  Ž  Đ  E  R  U  I  L
```

ASTEROID	METEOR
ASTRONAUTA	NEBULA
ASTRONOM	PLANETE
NEBO	ZRAČENJA
KOSMOS	RAKETA
SAZVEŽĐE	SUPERNOVA
GALAKSIJA	TELESKOP
GRAVITACIJE	ZEMLJE
MESEC	SVEMIR

12 - Circo

```
G A J I G A M P M Z Š T J M
B L K K O D R A D I A N D C
F Ž E R J И J R B C T И S M
H O B D O M Z A A A O S J L
I N O И A B O D L V R Z O S
Ž G M P M L A A O J Y R K K
I L B B S O A T N O L S D F
V E O U L F P C I S L D P E
O R N P J D M M U Z I K A C
T A A U T R A K L O V N Y M
I G L V Z I J C N R D P H J
N I A A P Y M F O A K I L H
J T V J D V U H M B H K P Z
E D R A Č I N O I Đ A M B A
```

AKROBAT
ŽIVOTINJE
KARTU
BOMBONA
KLOVN
KOSTIM
SLON
ŽONGLER
LAV

MAGIJA
MAĐIONIČAR
MUZIKA
BALONI
PARADA
MAJMUN
GLEDALAC
ŠATOR
TIGAR

13 - Algebra

```
F N E P R O M E N L J I V A
M O C K И P I G G R B R O J
A F R F S E N R A E N I L P
T A O M B P D A Y G I C O G
R K D V U V O F D И G R F C
I T S N Y L A N I Č I L O K
C O E M И A U E E M N N I Z
A R K A U Z D J N N K U C O
Z A G R A D A N H Ž T L N И
U A V G H T L E D A A A R N
A I G A L S T Š L P F L G C
K J Z J P Y M E L B O R P B
I N И I P M F R A K C I J A
E A P D J E D N A Č I N A R
```

DIJAGRAM
ODSEK
JEDNAČINA
EKSPONENT
LAŽNE
FAKTOR
FORMULU
FRAKCIJA
GRAF

LINEARNE
MATRICA
BROJ
ZAGRADA
PROBLEM
KOLIČINA
REŠENJE
PROMENLJIVA
NULA

14 - Mitologia

```
O  E  N  Č  I  G  A  M  H  M  A  L  D  B
S  G  N  B  U  A  B  S  E  U  R  A  F  E
V  A  A  Y  E  D  T  L  R  N  H  V  B  S
E  N  O  U  K  N  O  L  O  J  E  I  O  M
T  S  E  V  H  E  M  V  J  E  T  R  Ž  R
A  I  P  D  C  G  G  U  I  P  I  I  A  T
C  V  E  И  E  E  L  L  Z  Š  P  N  N  N
O  F  F  P  O  L  A  A  B  K  T  T  S  O
S  T  V  A  R  A  N  J  E  U  И  E  T  S
R  A  T  N  I  K  R  P  N  L  O  P  A  T
S  M  R  T  N  I  N  D  C  T  H  C  V  P
H  A  J  E  R  O  M  O  B  U  J  L  A  P
S  T  V  O  R  E  N  J  E  R  И  M  A  H
E  B  G  A  E  J  N  A  Š  A  N  O  P  U
```

ARHETIP
PONAŠANJE
STVORENJE
STVARANJE
KULTURA
BOŽANSTAVA
HEROJ
SNAGE
MUNJE

LJUBOMORE
RATNIK
BESMRTNOST
LAVIRINT
LEGENDA
MAGIČNE
SMRTNI
ČUDOVIŠTE
OSVETA

15 - Piante

```
Š  G  V  E  A  T  B  A  H  I  И  G  D  F
U  U  B  H  P  V  B  Z  I  R  R  E  B  L
S  Y  M  O  A  N  I  V  O  H  A  M  J  O
I  K  P  A  T  Š  A  B  B  D  C  S  P  R
K  O  R  E  N  N  T  O  R  R  I  V  T  E
A  J  B  A  M  B  U  S  Š  V  T  E  Y  E
Đ  L  Z  И  R  P  P  Z  L  O  A  G  D  Ć
H  U  S  N  G  C  P  F  J  S  L  E  H  Š
B  S  B  T  P  R  И  U  A  K  B  T  O  I
J  A  F  R  M  P  V  D  N  H  F  A  Y  L
И  P  E  K  I  N  A  T  O  B  F  C  V  И
G  Y  H  Z  C  V  C  V  E  T  N  I  K  T
K  A  K  T  U  S  A  V  A  R  T  J  И  G
И  N  M  H  O  B  P  M  H  Y  B  E  L  N
```

DRVO	ĐUBRIVA
BERRI	CVET
BAMBUS	FLORE
BOTANIKE	LIŠĆE
KAKTUS	ŠUMA
GRM	BAŠTA
RASTE	MAHOVINA
BRŠLJAN	LATICA
TRAVA	KOREN
PASULJ	VEGETACIJE

16 - Spezie

```
D  I  K  O  M  O  R  A  Č  F  V  P  Y  S
U  K  Đ  S  A  R  И  C  C  H  A  L  D  B
S  O  U  L  G  P  J  S  A  P  N  И  K  A
Z  V  M  A  R  E  D  N  A  J  I  R  O  K
P  L  B  D  И  E  S  I  F  C  L  P  B  I
И  C  I  I  M  И  B  M  Z  P  E  N  Y  R
M  I  R  Ć  G  U  B  U  A  N  I  S  A  P
B  R  F  E  D  G  C  K  R  И  N  A  L  A
U  E  N  Y  M  O  M  A  D  R  A  K  S  P
И  M  L  J  T  R  K  A  R  I  R  U  L  C
Z  R  I  I  A  K  E  B  A  A  F  L  A  R
P  U  H  O  L  A  C  B  C  И  A  M  T  C
K  T  Z  E  S  U  K  U  I  C  Š  B  K  N
C  I  M  E  T  Y  K  K  A  B  E  U  O  O
```

BELI LUK	SLATKO
GORKA	KOMORAČ
ANISA	UKUS
CIMET	SLADIĆE
KARDAMOM	PAPRIKA
LUK	BIBER
KORIJANDER	SO
KUMIN	VANILE
TURMERIC	ŠAFRAN
KARI	ĐUMBIR

17 - Numeri

```
L  D  D  D  S  T  B  J  F  P  B  G  S  T
P  E  И  K  V  A  L  P  F  T  U  A  E  R
A  C  A  S  Š  A  L  U  N  E  Y  F  D  I
P  I  T  S  E  A  N  T  E  V  E  D  A  N
E  M  B  S  S  E  M  A  D  E  S  Y  M  A
T  A  B  J  T  A  A  V  E  D  G  A  N  E
S  L  D  D  A  L  S  T  И  S  E  I  A  S
E  N  N  E  T  E  O  O  K  I  T  A  E  T
A  E  T  T  S  E  A  N  R  T  E  Č  S  A
N  I  S  G  P  E  Č  E  T  I  R  I  T  M
S  O  C  L  Z  S  T  S  E  A  N  T  E  P
E  A  H  F  D  O  S  A  M  N  A  E  S  T
Š  N  T  R  I  V  B  N  N  K  M  L  P  D
И  T  E  S  E  D  A  V  D  Z  И  C  N  R
```

PET	ČETRNAEST
DECIMALNE	ČETIRI
DEVETNAEST	PETNAEST
SEDAMNAEST	ŠESNAEST
OSAMNAEST	ŠEST
DESET	SEDAM
DVANAEST	TRI
DVA	TRINAEST
DEVET	DVADESET
OSAM	NULA

18 - Cioccolato

```
I  Š  E  Ć  E  R  A  K  S  B  P  N  N  O
K  A  R  A  M  E  L  A  L  O  Z  R  Y  P
I  J  И  E  M  R  N  K  A  M  A  I  A  V
R  I  L  G  H  G  Y  A  T  B  N  G  T  H
I  R  V  Z  F  E  O  O  K  O  A  A  H  S
K  O  M  O  O  B  K  R  O  N  T  H  G  O
I  L  U  T  C  F  A  И  K  A  S  I  A  D
K  A  K  I  A  И  I  I  Y  A  K  U  G  A
T  K  U  Č  O  E  E  F  C  P  I  H  K  M
M  E  S  N  A  R  E  C  E  P  T  И  Y  U
И  A  N  E  R  M  S  A  U  O  J  P  V  D
D  S  O  K  O  K  A  J  O  T  S  A  S  Y
P  T  S  G  M  O  M  I  L  J  E  N  I  M
T  V  M  T  E  T  I  L  A  V  K  O  A  I
```

GORKA
KIKIRIKI
AROME
ZANATSKI
KAKAO
KALORIJA
BOMBONA
KARAMEL
UKUSNO
SLATKO

EGZOTIČNE
UKUS
SASTOJAK
KOKOS
PRAH
OMILJENI
KVALITET
RECEPT
ŠEĆERA

19 - Guida

```
O G И P G G K P И S P G O R
V P A P A M O E R O R J T C
I L A R S R L A L E N U T J
R I Ć S A E A L И J V A U I
O C E P N Ž И L A V P O P P
G E R F M O A N I Z R B Z G
P N S H R T S O N R U G I S
O C E P R A B T G P D J T F
L U N K O Č N I C E D N Z S
I M J A E O P R E Z E P D R
C O P Š S A O B R A Ć A J A
I T Z E P J J G T T R R V F
J O O P M I L J H Y P U B A
A R N A U T O B U S V M R Y
```

OPREZ
KOLA
AUTOBUS
GORIVO
KOČNICE
GARAŽA
GAS
NESREĆA
LICENCU
MAPA

MOTOR
PEŠAK
OPASNOST
POLICIJA
SIGURNOST
PUT
SAOBRAĆAJA
PREVOZ
TUNEL
BRZINA

20 - I Media

```
J H J C O I D A R A I M I A
M E P A B Y R И O M V R Z O
I J C J R S A A C S R E D Č
I I S I A V O V A T S Ž A I
P F J R Z U E I N U V A N N
L A A T O F E N I L N O J J
I R V S V F N L D V Y U E E
N G N U A A T A E F H P K N
L O I D N R M T J Y V P P I
A T V N J A A I O U A M U C
K O T I E M O G P Z D E Z E
O F E J N A R I S N A N I F
L B V M U E I D A I O Z T U
K O M E R C I J A L N I L N
```

STAVOVA
KOMERCIJALNI
DIGITALNI
IZDANJE
OBRAZOVANJE
ČINJENICE
FINANSIRANJE
FOTOGRAFIJE

NOVINE
POJEDINAC
INDUSTRIJA
LOKALNI
ONLINE
JAVNI
RADIO
MREŽA

21 - Forza e Gravità

```
U  J  M  B  O  S  U  K  M  A  M  U  T  P
N  O  A  I  M  T  V  И  D  И  L  T  E  L
I  D  U  T  E  R  K  O  P  B  И  I  Ž  A
V  F  I  Z  I  K  E  R  J  P  B  C  I  N
E  C  V  T  Y  L  S  И  I  S  T  A  N  E
R  E  M  E  R  V  O  U  D  Ć  T  J  A  T
Z  N  A  Č  I  M  A  N  I  D  E  V  I  E
A  T  O  R  B  I  T  U  U  E  K  F  A  B
L  A  T  R  E  N  J  A  Z  H  I  N  M  R
N  R  P  R  I  T  I  S  A  K  N  B  И  Z
A  P  P  T  S  O  N  E  J  L  A  D  U  I
E  K  S  P  A  N  Z  I  J  A  H  M  U  N
M  A  G  N  E  T  I  Z  A  M  E  R  B  A
A  L  F  И  N  G  U  D  A  E  M  O  O  U
```

OSE	POKRETU
TRENJA	ORBITU
CENTAR	TEŽINA
DINAMIČAN	PLANETE
UDALJENOST	PRITISAK
EKSPANZIJA	SVOJSTVA
FIZIKE	OTKRIĆE
UTICAJ	VREME
MAGNETIZAM	UNIVERZALNA
MEHANIKE	BRZINA

22 - Uccelli

```
И  P  I  L  E  L  U  N  O  J  A  C  O  H
M  C  F  И  V  V  V  M  C  L  O  P  V  P
G  S  M  L  U  И  M  P  A  U  N  A  P  A
A  F  F  N  A  R  N  P  D  H  I  P  F  T
L  B  S  K  C  M  I  C  O  E  D  A  T  K
E  J  A  J  P  G  I  F  R  T  P  G  O  A
B  K  G  C  A  P  U  N  G  S  H  A  R  S
O  A  O  R  R  H  Z  S  G  G  O  J  A  A
K  U  K  A  V  I  C  A  K  O  A  K  O  A
L  A  B  U  D  M  I  H  K  A  A  E  O  L
H  E  R  O  N  P  E  L  I  K  A  N  A  U
G  O  L  U  B  J  R  U  G  O  P  C  J  И
I  A  H  H  P  G  B  V  R  T  R  Z  R  H
T  U  K  A  N  I  V  G  N  I  P  E  G  F
```

HERON	GUSKA
PATKA	PAPAGAJ
ORAO	VRAPCA
RODA	PAUN
LABUD	PELIKAN
GOLUB	PINGVIN
KUKAVICA	PILE
SOKO	NOJA
FLAMINGO	TUKAN
GALEB	JAJE

23 - Giorni e Mesi

```
S  U  B  O  T  A  D  E  R  S  T  J  M  N
M  R  V  T  K  R  A  P  L  И  A  V  G  O
E  T  A  M  R  A  B  M  E  T  P  E  S  V
S  A  G  U  A  B  J  B  P  S  R  P  E  E
E  A  N  I  D  O  G  L  P  L  I  E  J  M
C  K  Y  U  N  T  N  F  E  T  L  T  A  B
A  A  S  F  E  K  E  E  C  D  T  A  S  A
M  A  Y  A  L  O  D  B  O  L  E  K  P  R
U  T  O  R  A  K  E  R  M  R  H  N  И  M
B  S  Y  G  K  E  L  U  A  M  T  U  O  A
Y  U  G  R  J  C  J  A  R  T  I  J  V  P
S  G  O  Z  И  U  A  R  Š  И  Y  M  P  A
U  V  D  H  L  U  L  U  T  E  U  L  U  S
R  A  B  M  E  C  E  D  J  A  N  U  A  R
```

AVGUST	PONEDELJAK
GODINA	UTORAK
APRIL	MARŠ
KALENDAR	SREDA
DECEMBAR	MESECA
SUBOTA	NOVEMBAR
FEBRUAR	OKTOBAR
JANUAR	SEPTEMBAR
JUN	NEDELJA
JUL	PETAK

24 - Casa

```
C  I  K  O  A  G  B  E  Y  R  C  O  V  M
И  L  Y  U  N  A  V  A  T  V  K  G  F  E
O  B  E  B  I  R  H  T  Š  V  O  R  K  T
V  F  I  A  V  A  J  E  T  P  A  A  L
T  R  V  B  A  Ž  T  U  Š  P  A  D  M  A
Y  P  O  D  L  A  P  M  A  L  I  E  I  P
V  H  L  A  S  I  R  G  M  Y  T  H  N  L
J  O  A  H  Z  H  O  V  R  A  T  A  P  A
Z  I  D  T  E  N  Z  T  R  O  T  J  Z  F
G  H  E  R  S  S  O  L  E  V  F  N  V  O
G  Y  L  M  O  E  R  M  И  K  A  I  K  N
Z  O  G  H  B  V  P  G  И  V  E  H  F  S
M  H  O  P  A  Z  N  Y  И  J  G  U  S  P
M  F  T  V  V  P  F  P  Z  T  Z  K  T  T
```

TAVANU	ZID
BIBLIOTEKE	POD
SOBA	VRATA
KAMIN	OGRADE
KUHINJA	SLAVINA
TUŠ	METLA
PROZOR	PLAFON
GARAŽA	OGLEDALO
BAŠTA	TEPIH
LAMPA	KROV

25 - Fantascienza

```
A Z C G E E T V U D R F F R
Z U A A K K A И T I E U A O
Y O T L S S J G B S A T N B
A L P A T P A A I T L U T O
K D O K R L N E O N R A T
C M Ž S E O S N S P O I S A
S F A I M Z T R K I E S T N
L V R J N I V A O J T T I A
P И E A E J E N P A E I Č T
T N L T T E N I A C N Č A O
T E H N O L O G I J A K N M
K N J I G E F A J O L I A S
U T O P I J E M E I P U J K
И O I A C E J I Z U L I B E
```

ATOMSKE
BIOSKOP
DISTOPIJA
EKSPLOZIJE
EKSTREMNE
FANTASTIČAN
POŽAR
FUTURISTIČKI
GALAKSIJA
ILUZIJE

IMAGINARNE
KNJIGE
TAJANSTVEN
SVET
PLANETE
REALNO
ROBOTA
TEHNOLOGIJA
UTOPIJE

26 - Città

G A S K N J I Ž A R A T B K
A L P U C V E Ć A R F H I L
L O O O P O K S O I B O B I
E K P P T E T Š I Ž R T L N
R Š H O B E R E N D A E I I
I U O S Z A K M D L S T O C
J A T P T O T E A J P I T I
A J E Z U M R T I R S Z E N
I N L T A I V I R P K R K O
A E R O D R O M Š F F E E I
N M O S P V O G I T I V T D
B A N K E C Z M L S E I V A
I P R O D A V N I C A N H T
P E K A R A O O T M V U U S

AERODROM   TRŽIŠTE
BANKE   MUZEJ
BIBLIOTEKE   PRODAVNICA
BIOSKOP   PEKARA
KLINICI   ŠKOLA
APOTEKE   STADION
CVEĆAR   SUPERMARKETA
GALERIJA   POZORIŠTE
HOTEL   UNIVERZITET
KNJIŽARA   ZOO VRT

27 - Fattoria #1

```
P  T  Z  V  L  H  B  J  P  B  B  C  C  P
I  G  F  O  T  A  J  J  Č  Y  C  T  Z  O
R  H  L  D  J  A  N  M  E  T  M  E  D  L
I  P  O  A  K  Č  A  M  L  И  E  P  D  J
N  L  G  S  E  M  E  L  A  И  D  L  L  O
A  F  R  Đ  U  B  R  I  V  A  A  E  E  P
Č  Y  A  A  A  И  G  A  P  F  E  V  G  R
Y  V  D  И  O  H  P  T  C  F  И  V  B  I
A  D  E  O  P  F  A  P  P  O  L  J  E  V
A  A  J  N  I  V  S  P  A  T  T  A  E  R
R  Y  N  E  L  K  O  Z  A  S  T  L  P  E
P  E  O  S  E  M  A  G  A  R  A  C  A  D
R  И  K  C  N  K  R  U  K  R  A  V  A  E
M  A  U  E  P  O  L  U  P  A  N  И  P  P
```

VODA	MAČKA
POLJOPRIVREDE	JATO
PČELA	SVINJA
MAGARAC	MED
POLJE	KRAVA
PAS	PILE
KOZA	OGRADE
KONJ	PIRINAČ
ĐUBRIVA	SEME
SENO	TELE

28 - Psicologia

```
S  J  O  P  N  S  T  S  O  N  L  A  E  R
Z  F  O  Y  O  G  E  T  U  K  Z  E  J  P
T  A  U  A  E  D  E  P  H  K  O  O  E  E
I  V  H  M  M  Y  S  I  N  C  O  G  D  R
I  T  A  K  I  T  R  V  T  E  O  B  I  C
T  S  O  N  S  E  V  S  E  N  N  T  A  E
S  J  K  O  L  P  H  H  K  S  F  E  J  P
O  N  M  U  I  B  M  D  Č  P  T  R  I  C
N  I  O  L  S  U  H  E  I  R  H  A  C  I
Č  T  U  D  K  T  S  J  N  O  Y  P  O  J
I  E  J  P  Z  E  V  O  I  B  K  I  M  E
L  D  A  J  P  A  S  A  L  L  F  J  E  N
S  P  O  Z  N  A  J  E  K  E  N  A  L  A
S  A  S  T  A  N  A  K  J  M  R  C  O  A
```

SASTANAK	DETINJSTVA
KLINIČKE	MISLI
SPOZNAJE	PERCEPCIJE
SUKOBA	LIČNOSTI
EGO	PROBLEM
EMOCIJA	REALNOST
ISKUSTVA	PODSVEST
IDEJE	TERAPIJA
NESVESNO	

29 - Paesaggi

```
O  R  E  Z  E  J  H  P  V  U  L  K  A  N
G  K  T  U  N  D  R  E  L  L  E  R  O  M
A  A  E  N  I  Ć  E  P  C  A  P  F  A  O
V  C  G  A  G  L  E  Č  E  R  Ž  D  Z  Č
P  N  D  N  N  R  N  S  I  M  A  E  V
H  U  O  U  O  F  N  L  H  Z  Z  P  U  A
A  B  S  A  M  F  Y  E  C  J  R  O  R  R
И  J  U  T  J  G  G  V  N  E  И  D  Y  A
P  D  R  S  I  M  E  I  P  G  C  O  C  R
A  И  A  N  R  N  N  B  Y  P  M  V  A  E
F  H  E  J  E  L  J  P  L  A  N  I  N  E
S  B  T  A  K  M  P  I  N  I  L  O  D  B
B  R  D  O  E  O  S  T  R  V  O  P  M  I
P  O  L  U  O  S  T  R  V  O  F  A  S  C
```

VODOPAD
BRDO
PUSTINJI
REKE
GEJZIR
GLEČER
PEĆINE
OSTRVO
JEZERO
MORE

PLANINE
OAZE
OKEAN
MOČVARA
POLUOSTRVO
PLAŽA
TUNDRE
DOLINI
VULKAN

30 - Energia

```
V U P B E J I R E T A B T O
C O P F E N O J R Z E F U G
L P D B I N T P A A U E R K
A R Z O U L Z R P P N R B O
O N J I N Z Y I O F L M I I
K U И J E I Z N N P G M N N
R K B T P A K Č P U I O U D
U L D P E G I I Z M D J Y U
Ž E F O T O N R O T O M E S
E A V V O U E T T C J K P T
N R E I L O J K A B T G V R
J N T R P A L E H R B O P I
U E A O O J G L E Z I D U J
И J R G T M U E Z E R N B A
```

OKRUŽENJU
BATERIJE
BENZIN
TOPLOTE
UGLJENIK
GORIVO
DIZEL
ELEKTRIČNI
ENTROPIJE

FOTON
VODONIK
INDUSTRIJA
MOTOR
NUKLEARNE
TURBINU
PARE
VETAR

31 - Moda

```
A И Z V E N A B O D U S T M
S V G I K N A U P A K A K I
J L P P P A Č T M M I U A И
A L E I I T I I И E C N N O
N P U T Č N I K T N L A I D
K И M R Y A O L R K C M N E
P U U E Z G C G F Y A O A Ć
O U U N H E M O F И Z R O U
A Z S D Z L B C T S A K P D
A V A Y R E A J И V R S U U
O R I G I N A L N E B P K G
N A R I C I T S I F O S S M
M O D E R A N K И T V E Z A
T E K S T U R E U B S M O D
```

ODEĆU
BUTIK
SKUPO
UDOBAN
ELEGANTAN
OBRAZAC
MODERAN
SKROMAN
ORIGINALNE

ČIPKE
PRAKTIČNE
DUGMAD
VEZ
SOFISTICIRAN
STIL
TREND
TKANINA
TEKSTURE

32 - L'Azienda

```
K  B  R  A  N  A  P  R  E  D  A  K  U  P
G  V  L  I  O  B  K  G  P  O  K  E  G  R
L  V  A  H  Z  B  C  И  L  V  U  J  L  I
O  N  M  L  L  I  S  P  A  Z  L  U  E  H
B  N  L  N  I  B  C  И  T  I  D  A  D  O
A  R  S  C  J  T  O  I  E  O  O  И  O  D
L  T  R  B  Z  C  E  A  S  R  R  M  M  E
N  A  L  F  A  Y  E  T  R  P  S  O  Y  C
O  Z  Y  T  S  O  N  Ć  U  G  O  M  A  C
P  I  N  L  A  N  O  I  S  E  F  O  R  P
T  R  E  N  D  O  V  E  E  J  B  B  P  G
C  E  N  V  I  T  A  E  R  K  B  U  Z  F
P  G  C  C  I  N  O  V  A  T  I  V  N  E
M  R  J  И  Z  A  P  O  S  L  E  N  J  E
```

KREATIVNE
ODLUKA
GLOBALNO
INOVATIVNE
ZAPOSLENJE
MOGUĆNOST
PROIZVOD
PROFESIONALNI

NAPREDAK
KVALITET
PRIHOD
UGLED
RIZICI
RESURSE
PLATE
TRENDOVE

33 - Giardino

```
P D G T V U K Y P D C U O O
И R R Z C Z E L Z И Z T A C
D V A J L M E Z U R E Z E J
L O B T C R E V O P V A J N
И H L И Š G U P A Ž A R A G
K A J И V A R T M D N A T J
P V E F I S B K E O I I E S
G A O S H A T A P O L G F U
C V E T R R L J G K O R O V
V A Z D B E J N G H P K Z P
И R J B A T O Ć K I M H M D
P T E O P R B O R K A S B A
N A N H T J G V Y И R M F T
V I S E Ć A M O P F T V L И
```

DRVO
VISEĆA
GRM
TRAVA
KOROV
CVET
VOĆNJAK
GARAŽA
BAŠTA
LOPATA

KLUPA
TRAVNJAK
GRABLJE
OGRADE
JEZERU
ZEMLJA
TERASA
TRAMPOLIN
CREVO
VAJN

34 - Frutta

```
N  Z  F  P  S  C  A  A  N  I  P  U  K  N
J  D  P  R  U  O  G  N  A  M  A  L  P  U
N  I  S  A  Ž  D  N  A  R  O  M  O  P  M
I  D  I  N  J  A  Y  N  E  K  K  I  V  I
B  R  E  S  K  V  E  A  B  A  B  S  Z  L
P  P  R  E  L  R  J  S  J  J  A  И  T  N
A  L  A  E  P  U  N  N  A  S  N  U  M  E
L  I  Đ  V  B  U  Š  K  B  I  A  P  A  K
F  G  Ž  S  O  E  I  D  U  J  N  B  L  T
P  P  O  Y  H  K  V  G  K  E  E  I  I  A
P  E  R  И  D  Š  A  J  A  P  A  P  N  R
K  S  G  S  T  U  N  D  Y  E  D  A  E  I
И  F  N  O  A  R  D  A  O  B  И  R  H  N
D  N  D  M  K  K  N  L  K  R  И  G  R  A
```

KAJSIJE	MANGO
ANANAS	JABUKA
POMORANDŽA	DINJA
AVOKADO	KUPINA
BERRI	NEKTARINA
BANANE	PAPAJA
VIŠNJE	KRUŠKE
KIVI	BRESKVE
MALINE	PLAM
LIMUN	GROŽĐA

35 - Fattoria #2

```
F  P  B  F  O  O  G  C  L  M  E  И  J  E
L  A  I  F  Y  R  U  A  Ž  I  C  C  U  J
N  N  R  S  F  O  S  N  I  V  V  Z  V  N
R  A  B  M  A  A  K  P  V  O  O  A  V  A
O  R  Y  Z  E  N  E  A  O  Ć  I  K  D  V
T  H  I  K  M  R  S  T  T  N  Z  E  A  A
K  U  K  U  R  U  Z  K  I  J  H  L  C  J
A  A  T  Y  I  V  Z  A  N  A  A  M  I  N
R  U  S  P  T  G  E  P  J  K  S  T  N  D
T  A  P  A  S  И  И  U  E  M  A  L  Š  O
K  B  S  T  A  И  C  D  O  A  E  Ć  O  V
J  T  J  B  P  P  N  H  B  Č  S  T  K  A
J  A  G  N  J  E  C  I  N  E  Š  P  O  N
O  Z  O  C  P  U  Z  O  T  J  I  N  T  E
```

JAGNJE	NAVODNJAVANJE
FARMER	LAME
KOŠNICA	MLEKA
PATKA	KUKURUZ
ŽIVOTINJE	GUSKE
HRANA	JEČAM
AMBAR	PASTIR
VOĆE	OVCE
VOĆNJAK	LIVADA
PŠENICE	TRAKTOR

36 - Verdure

```
B  S  S  И  К  T  C  G  F  R  K  S  T  A
U  A  P  T  C  P  R  C  S  F  E  F  O  H
N  L  A  V  A  A  V  I  J  L  G  P  L  T
D  A  N  A  A  T  G  R  A  Š  K  A  A  L
E  T  A  Y  I  L  O  K  O  R  B  N  Š  K
V  A  Ć  T  E  I  P  A  R  A  D  A  J  Z
E  P  P  O  K  D  S  C  K  P  E  C  K  V
P  J  Y  N  O  Ž  I  Z  H  E  B  E  R  Đ
N  R  O  Z  Č  A  D  P  G  R  E  L  O  U
A  L  P  Y  I  N  D  C  K  Š  L  E  M  M
K  R  A  S  T  A  V  A  C  U  I  R  P  B
H  Z  N  B  R  B  D  I  M  N  L  F  I  I
A  P  E  R  A  G  R  A  Š  H  U  A  R  R
R  O  T  K  V  I  C  A  J  M  K  I  P  P
```

BELI LUK	GRAŠKA
BROKOLI	PARADAJZ
ARTIČOKE	PERŠUN
ŠARGAREPA	REPA
KRASTAVAC	ROTKVICA
LUK	ŠALOT
GLJIVA	CELER
SALATA	SPANAĆ
PATLIDŽAN	ĐUMBIR
KROMPIR	BUNDEVE

37 - Musica

```
V O K A L N M U B L A M M P
F L K U N I R U B P S O E L
F K U E U J H I Z V E D L I
M I K R O F O N T I N C O R
P P E V A Č I C A M Č U D S
Z E J I N O M R A H I A I K
E K V M U Z I Č K E S Č R I
B Č T A K I N O M R A H K K
Y I M P M Z L A D A L A B E
I N S T R U M E N T K S M R
L S R O H I A V I L H O R E
B E P B C B T C S E E I Y P
Z P Z G O T I E G V O S E O
C U E U I A R E B D A L O T
```

ALBUM
HARMONIJE
HARMONIKA
BALADA
PEVAČICA
PEVAM
KLASIČNE
HOR
LIRSKI
MELODI

MIKROFON
MUZIČKE
MUZIČAR
OPERE
PESNIČKE
RITMIČKE
RITAM
INSTRUMENT
VOKAL

38 - Barbecue

```
M  E  I  K  V  V  A  R  E  Č  E  V  H  H
M  U  Y  A  O  Y  U  B  O  A  И  U  E  Y
I  S  Z  K  E  V  B  P  S  Š  T  Y  Y  P
P  A  J  I  N  O  Ž  E  V  I  T  F  S  Z
R  L  A  F  K  U  L  O  J  T  L  I  C  Y
U  A  D  V  K  A  N  A  R  H  U  N  L  Z
Č  T  A  I  G  R  E  P  U  V  O  Ć  E  J
A  E  R  J  U  G  L  A  D  I  K  S  Ć  A
K  N  A  O  L  E  T  O  Z  Z  A  A  U  R
B  N  P  K  Y  L  S  O  S  O  P  A  R  P
N  I  P  J  P  I  P  B  C  P  V  G  V  A
P  A  B  F  A  P  P  O  R  O  D  I  C  A
K  B  J  E  R  V  M  G  U  K  O  O  O  E
B  P  F  A  R  O  T  F  A  L  P  C  K  I
```

VRUĆE	ROŠTILJ
VEČERA	SALATE
HRANA	POZIV
LUK	MUZIKA
NOŽEVI	BIBER
LETO	PILE
GLAD	PARADAJZ
PORODICA	RUČAK
VOĆE	SO
IGRE	SOS

39 - Fisica

```
P Z N F O R M U L U G A S U
E J N A Z R B U N A L T H N
N K M O L E K U L C A H A I
R T S O N V I T A L E R O V
A T C P N C P J G G L Č S E
E M O T A E R J G Y E E F R
L O E K I N A H E M K S E Z
K T E E N I Z R B V T T K A
U O И S K T И I O O R I S L
N R O U O S G I J T O C J N
Y B A A Z U F L V A N A I A
D L S M A G N E T I Z A M M
F R E K V E N C I J A M E O
G R A V I T A C I J E G H R
```

UBRZANJE
ATOM
HAOS
HEMIJSKE
GUSTINE
ELEKTRON
EKSPANZIJA
FORMULU
FREKVENCIJA
GAS

GRAVITACIJE
MAGNETIZAM
MEHANIKE
MOLEKUL
MOTOR
NUKLEARNE
ČESTICA
RELATIVNOST
UNIVERZALNA
BRZINE

40 - Erboristeria

```
M  R  L  Č  D  T  E  P  Y  Š  B  B  K  K
A  A  U  A  Z  E  L  E  N  A  A  E  U  V
R  J  J  R  V  N  A  L  L  F  Š  L  L  A
O  I  Z  O  C  A  C  F  L  R  T  I  I  L
M  Đ  C  M  R  N  N  V  B  A  A  L  N  I
A  O  Y  O  V  A  P  D  E  N  K  U  A  T
T  R  Z  K  И  J  N  Y  E  T  J  K  R  E
I  I  P  E  R  Š  U  N  E  E  L  A  S  T
Č  M  B  O  S  I  L  J  A  K  I  J  K  J
N  V  R  U  Z  M  A  R  I  N  B  O  E  O
O  O  P  B  O  R  I  G  A  N  O  T  Z  A
E  S  T  R  A  G  O  N  N  P  D  S  R  I
O  И  A  L  M  D  И  F  S  I  P  A  R  Y
M  Y  R  N  T  C  G  A  A  U  E  S  C  V
```

BELI LUK
MIROĐIJA
AROMATIČNO
BOSILJAK
KULINARSKE
ESTRAGON
KOMORAČ
CVET
BAŠTA
SASTOJAK

LAVANDE
MAJORAN
NANE
ORIGANO
BILJKA
PERŠUN
KVALITET
RUZMARIN
ZELEN
ŠAFRAN

41 - Attività Commerciale

```
R T F O Y N P P N P I L K P
A R I B I S V O U R N K O A
D O N D T B U S Z O V A K I
N Š A O S E A L Z D E N A A
J K N B U T Ž O P A S C R A
U A S I P U P D O J T E I K
A E I T O L E A U A I L J J
J И J И P A P V C B C A E И
D D A G R V Z C P G I R R P
Z R N K N F L A A V J I A R
E K O N O M I J E V A J A I
Z A P O S L E N O G O E J H
T R A N S A K C I J E N Z O
O A V F A B R I K E B O R D
```

BUDŽET
KARIJERA
TROŠKA
POSLODAVCA
ZAPOSLENOG
EKONOMIJE
FABRIKE
FINANSIJA
INVESTICIJA
ROBE

RADNJU
DOBIT
PRIHOD
POPUST
NOVAC
TRANSAKCIJE
KANCELARIJE
VALUTE
PRODAJA

42 - Fiori

```
D  K  H  P  R  U  Ž  A  R  L  P  K  Y  P
T  A  N  I  L  E  T  E  D  M  I  Y  E  D
B  O  Ž  U  R  U  P  P  D  S  R  L  J  P
J  L  O  G  N  I  M  S  A  J  K  N  I  G
S  A  R  A  P  O  T  E  K  U  B  A  L  J
U  T  H  R  J  A  N  D  R  M  E  K  O  O
N  I  I  D  N  P  T  N  D  I  A  Z  N  R
C  C  D  E  A  D  H  A  V  Z  J  K  G  G
O  A  E  N  M  Y  V  F  J  A  A  A  A  O
K  L  J  I  F  O  K  A  F  E  Y  P  M  V
R  A  A  J  O  G  T  L  N  D  M  A  U  A
E  L  K  A  Č  A  L  S  A  M  B  Z  L  N
T  H  I  B  I  S  K  U  S  K  K  P  A  I
P  A  S  S  I  O  N  F  L  O  V  E  R  L
```

MASLAČAK	BUKET
GARDENIJA	ORHIDEJA
JASMIN	MAKA
LILI	PASSIONFLOVER
SUNCOKRET	BOŽUR
HIBISKUS	LATICA
LAVANDE	PLUMERIJA
JORGOVAN	RUŽA
MAGNOLIJE	DETELINA
DEJZI	LALA

43 - Filantropia

```
T  J  I  D  U  J  L  G  R  U  P  E  I  T
O  G  T  S  O  D  A  L  M  Y  H  P  V  E
O  L  G  D  K  P  R  O  G  R  A  M  I  O
J  O  D  R  F  R  I  S  T  O  R  I  J  A
S  B  B  И  F  I  E  V  E  J  L  I  C  Y
R  A  T  B  A  R  N  N  N  O  T  N  E  R
E  L  U  B  B  L  U  A  O  J  L  C  G  T
D  N  A  V  E  A  O  I  N  S  F  E  И  M
S  O  И  G  R  T  U  P  N  S  T  P  E  I
T  K  O  N  T  A  K  T  I  V  I  Y  E  S
V  A  C  G  Y  A  H  D  E  C  A  J  B  I
A  V  O  Z  A  Z  I  Y  D  U  G  J  A  J
V  E  L  I  K  O  D  U  Š  N  O  S  T  A
M  I  L  O  S  T  I  N  J  U  K  P  И  И
```

DECA	GRUPE
TREBA	MISIJA
MILOSTINJU	CILJEVE
KONTAKTI	ISKRENOST
FINANSIJA	LJUDI
SREDSTVA	PROGRAMI
VELIKODUŠNOST	JAVNI
MLADOST	IZAZOVA
GLOBALNO	ISTORIJA

44 - Ecologia

```
M И N S F K O U S F D Z K P
R O N T B L D U U V A C P D
A N R E H I R P Š Z R U P P
Z L O S V M Ž T E A S S N T
L A P R K A I F J J T F T E
I B S U И I V M I E A L P E
Č O T S M L H O C D N O R K
I L A E H P V Č A N I R I J
T G N R T R O V T I Š E R L
E M A M N I B A E C T A O I
P T K И Y J Z R G E E J D B
P R I R O D A A E K P M N K
A R E T N O L O V K S L O P
R A Z N O L I K O S T T F T
```

KLIMA
ZAJEDNICE
RAZNOLIKOST
FAUNE
FLORE
GLOBALNO
STANIŠTE
MORSKIH
PRIRODA
PRIRODNO

MOČVARA
BILJKE
RESURSE
SUŠE
OPSTANAK
ODRŽIV
VRSTE
RAZLIČITE
VEGETACIJE
VOLONTERA

45 - Discipline Scientifiche

```
E  B  N  P  B  G  M  Y  R  R  M  И  G  И
K  I  E  S  O  V  E  E  E  A  Z  B  E  A
O  O  U  I  T  A  T  J  K  T  P  A  O  S
L  L  R  H  A  B  E  I  I  V  Y  И  L  T
O  O  O  O  N  M  O  G  T  M  V  O  O  R
G  G  L  L  I  B  R  O  S  N  E  O  G  O
I  I  O  O  K  I  O  L  I  P  J  H  I  N
J  J  G  G  E  O  L  O  V  P  I  A  J  O
E  E  I  I  M  H  O  I  G  F  M  L  E  M
T  Z  J  J  B  E  G  Z  N  N  O  H  И  I
F  J  E  E  A  M  I  I  I  U  T  G  A  J
G  S  G  I  P  I  J  F  L  E  A  Y  U  E
P  Y  N  L  D  J  E  J  U  N  N  T  J  И
Z  J  E  J  K  E  E  K  I  N  A  H  E  M
```

ANATOMIJE	FIZIOLOGIJE
ASTRONOMIJE	GEOLOGIJE
BIOHEMIJE	LINGVISTIKE
BIOLOGIJE	MEHANIKE
BOTANIKE	METEOROLOGIJE
HEMIJE	NEUROLOGIJE
EKOLOGIJE	PSIHOLOGIJE

46 - Scienza

```
M O L E K U L A N F P P P Č
G R A V I T A C I J E O O E
J G L D L U C K G G Z D S S
E E A K O P D S O J E A M T
N Z R И И R Z K V K T T A I
Y H E K S J I M E H O A T C
U K N Z T Y G R T Y P K R E
Z F I R A V T S P P I A A A
F A M I L K Y R U I H I N T
M I V Z U F O S I L Y P J O
E B Z O R G A N I Z M A E M
T E J I C U L O V E J A T N
O M И E K N A U Č N I K P E
D Z H T N E M I R E P S K E
```

ATOM
HEMIJSKE
KLIMA
PODATAKA
EKSPERIMENT
EVOLUCIJE
STVARI
FIZIKE
FOSIL
GRAVITACIJE

HIPOTEZE
METOD
MINERALA
MOLEKULA
PRIRODA
ORGANIZMA
POSMATRANJE
ČESTICE
NAUČNIK

47 - Acqua

```
A L N V L И O R F K G J G Y
D V A L A N A K R E O F E L
T P T A V A L P O P A H J U
B U J Ž T L Z T S E E R Z R
D V Š N A K A N A E K O I A
A U J E D I R G E N S R R G
N I U E K Š M A E F F E M A
D H C R S E K T I P F Z O N
A J N A V A R A P S I E N L
S E A P A N Z И L J P J S E
A E V P E G N Y N Z I K U D
L C A B L J O T N K P B N S
A C Z A E R E D I J M E O K
T N A V O D N J A V A N J E
```

POPLAVA
KANAL
TUŠ
ISPARAVANJA
REKE
MRAZ
GEJZIR
LED
NAVODNJAVANJE
JEZERO

MONSUN
SNEG
OKEANA
TALASA
KIŠE
PITKE
VLAGE
VLAŽNE
URAGAN
PARE

48 - Boxe

```
O J L Y P M S A I A V T P R
V V T R E Z V O N O E E O F
V V И И S U K O F P Š L E A
A L N I N T U Š R C T O N Y
F I E C I V A K U R I И I I
C A Z M C T P L U P N P P D
E S F D A Ž U T E G A N S B
P R O T I V N I K O P P R R
Z U Z A B S Y P O H P E Z A
J S R K G O U A I M P N B D
V D B A H U R D B V P A D A
M I P L U U G A I J N J B K
O P O R A V A K C J T B K O
I S C R P L J E N A A I V L
```

VEŠTINA
UGAO
SUDIJA
PROTIVNIK
ŠUTNI
ZVONO
BORAC
UŽAD
TELO
ISCRPLJEN

SNAGE
FOKUS
LAKAT
RUKAVICE
BRADA
PESNICA
POENI
BRZO
OPORAVAK

49 - Imbarcazioni

```
J  D  H  S  Y  O  Z  I  T  S  И  P  J  G
E  O  P  I  S  D  P  E  K  A  N  U  E  K
Z  M  R  E  K  E  P  R  I  S  S  N  D  A
E  O  K  M  P  Č  U  O  Y  A  D  K  R  J
R  R  O  T  O  M  I  M  S  L  H  B  I  A
O  N  A  E  K  O  C  T  O  A  T  C  L  K
U  A  V  O  B  D  T  И  U  T  D  P  I  E
J  R  B  V  C  K  A  A  F  A  S  E  C  E
V  A  L  P  S  O  S  R  A  M  N  M  A  Z
M  B  H  A  F  N  F  L  A  B  E  I  S  R
R  B  O  T  H  O  Z  D  V  C  A  L  D  U
K  O  M  Y  E  P  S  I  D  R  O  P  A  G
N  F  P  L  R  A  J  A  R  B  O  L  F  F
N  D  P  M  S  C  T  R  A  J  E  K  T  Y
```

JARBOL	MORE
SIDRO	PLIME
JEDRILICA	MORNAR
BOVA	MOTOR
KANU	NAUTIČKIH
KONOPAC	OKEAN
POSADE	TALASA
REKE	TRAJEKT
KAJAK	JAHTE
JEZERO	SPLAV

50 - Chimica

```
E  L  E  K  T  R  O  N  G  V  H  F  K  Z
G  L  Y  F  V  G  S  I  K  E  O  E  J  O
T  O  P  L  O  T  E  O  B  N  J  K  S  K
K  I  N  O  E  S  I  K  S  Z  C  O  E  A
I  N  И  Č  A  A  O  K  A  I  V  C  N  T
N  K  U  H  E  G  E  T  O  M  G  R  L  A
O  I  O  K  L  T  T  E  Ž  I  N  A  A  L
D  S  R  L  L  U  G  L  J  E  N  I  K  I
O  E  G  D  U  E  A  V  Y  C  E  Z  L  Z
V  L  A  B  K  Y  A  K  R  J  I  S  A  A
A  I  N  E  E  I  M  R  J  P  U  H  R  T
B  N  S  U  L  P  P  V  N  H  L  O  R  O
K  E  K  C  O  B  A  H  U  E  L  G  И  R
P  Z  I  M  M  P  E  A  T  O  M  S  K  E
```

KISELINE   VODONIK
ALKALNE   JON
ATOMSKE   TEČNOG
TOPLOTE   MOLEKUL
UGLJENIK   NUKLEARNE
KATALIZATOR   ORGANSKI
HLOR   KISEONIK
ELEKTRON   TEŽINA
ENZIM   SO
GAS

51 - Api

```
K F S A F K E S A H V C R B
A O N T J C R C A K O V O O
I M Š C V E T A N C S E J A
S E G N M L B K L J A Ć C P
I T H O I N Y R B J K E Y H
N S A P D C A L M K I M K R
S I T N U D E M D E G C Z A
E Š A I P O L E N I U A N
K O A T K Š A V Z R S F D A
T K B S R E T V J Y N R C S
U E A I I N P E K J L I B U
V Ć И R L A K D H V E P P N
Y O I O A J И G D H K U J C
V V И K O Z H V E H И S A E
```

KRILA
KOŠNICE
KORISTAN
VOSAK
HRANA
EKOSISTEM
CVEĆE
CVET
VOĆE
DIM

BAŠTA
STANIŠTE
INSEKT
MED
BILJKE
POLEN
KRALJICA
ROJ
SUNCE

52 - Strumenti Musicali

```
H  J  I  Y  G  И  N  O  B  M  O  R  T  E
A  Y  Y  C  Y  A  D  T  L  U  T  D  H  S
R  A  E  G  A  E  F  R  A  H  B  V  J  I
M  M  G  K  Š  M  V  U  R  I  V  A  L  K
O  A  Y  M  A  R  A  B  S  K  E  S  N  M
N  V  A  J  R  T  T  A  T  U  A  L  F  J
I  O  B  O  U  M  A  N  D  O  L  I  N  A
K  Ž  E  L  B  R  J  B  P  Z  G  A  D  V
A  D  I  Y  M  V  N  F  J  A  A  A  L  I
G  N  O  G  A  A  Z  S  Y  A  E  J  F  O
A  E  P  Z  T  S  A  K  S  O  F  O  N  L
G  B  U  D  A  R  A  L  J  K  E  J  Z  I
I  G  I  T  A  R  A  A  A  Z  U  H  D  N
P  D  C  K  L  A  R  I  N  E  T  V  P  U
```

HARMONIKA	OBOU
HARFE	UDARALJKE
BATAK	KLAVIR
BENDŽO	SAKSOFON
GITARA	TAMBURAŠA
KLARINET	BUBANJ
FAGOT	TRUBA
FLAUTA	TROMBON
GONG	VIOLINU
MANDOLINA	

53 - Professioni #2

```
A S T R O N A U T A J Z Z B
P R O N A L A Z A Č L U O I
F F I L O Z O F V P E B O B
I N Ž E N J E R M A T A L L
H R A N I V O N И I R O I
F A U V S L I K A R Č P G O
O K B R O T A R T S U L I T
T E J L E T I Ž A R T S I E
O L Z F Z O Š O H И O E B K
G V E P V L U A A I Y A B A
R G O L O I B C B K R U C R
A Z C K S P Z Y N U R U A D
F P A L I N G V I S T A R K
I S T R A Ž I V A Č I V N G
```

ASTRONAUTA
BIBLIOTEKAR
BIOLOG
HIRURG
ZUBAR
FILOZOF
FOTOGRAF
BAŠTOVAN
NOVINAR
ILUSTRATOR

INŽENJER
UČITELJ
PRONALAZAČ
ISTRAŽITELJ
LINGVISTA
LEKAR
PILOT
SLIKAR
ISTRAŽIVAČ
ZOOLOG

54 - Letteratura

```
B U I P R A N E G D O T A B
A I N J S I U G P G Y V B M
M N O A N A T E F O K D V B
S A A G P H A A I L Ž A N R
E M P L R A R Z M A U T O R
P O O I I A O E V J A M K Z
V R R T D Z F M V I L P Z A
L B E S V Y A I R D H P C K
K A Đ G V K T R J Z P Z D L
L Z E B C T E E C A L B K J
И A N P I R M И R M И I Y U
F D J C M I Š L J E N J E Č
A A E K P O P I S T Y A A A
P E S N I Č K E H T G A G K
```

ANALIZA	METAFORA
ANEGDOTA	MIŠLJENJE
AUTOR	PESMA
BIOGRAFIJA	PESNIČKE
ZAKLJUČAK	RIME
POREĐENJE	RITAM
OPIS	ROMAN
DIJALOG	STIL
ŽANR	TEMA

55 - Cibo #2

```
C S I R P P Y R G T V B K I
E J A J D T J B R O K O L I
L B K A P V I Š N J E D Č F
E V U E N A N A B E L H O G
R P B A A R R K I V I F K R
J E A R I B E A P I L E O O
O R J T R E O Y D I U D L Ž
G P R R L C E U I A F J A Đ
U P И E G I D E H M J I D A
R Š L I P N D H S P I Z A G
T N U R E E A Ž P N A И P F
V B A N Y Š И P A V I J L G
M H T L K P И T A N G V I M
A M И T Č A N I R I P I P C
```

BANANE	HLEB
BROKOLI	RIBE
VIŠNJE	PILE
ČOKOLADA	PARADAJZ
SIR	ŠUNKA
GLJIVA	PIRINAČ
PŠENICE	CELER
KIVI	JAJE
JABUKA	GROŽĐA
PATLIDŽAN	JOGURT

56 - Nutrizione

```
F  E  R  M  E  N  T  A  C  I  J  E  D  P
K  U  K  U  S  O  T  R  O  V  M  U  I  R
V  V  G  O  R  K  A  T  G  U  P  J  J  O
I  U  A  G  T  P  I  T  S  O  N  Č  E  T
T  S  И  L  Z  D  R  A  V  Z  N  Z  T  E
A  D  M  I  I  T  S  M  A  D  R  K  A  I
M  E  P  N  P  T  I  O  G  R  B  V  S  N
I  O  V  I  T  S  E  J  S  A  E  K  P  A
N  T  O  Č  И  R  P  T  A  V  E  D  N  A
L  I  V  A  R  E  N  J  E  L  V  V  S  U
N  T  P  Z  F  Z  D  P  Y  J  T  V  T  J
T  E  Ž  I  N  A  F  A  A  E  T  V  T  S
L  P  F  K  A  L  O  R  I  J  A  U  E  J
S  A  U  R  A  V  N  O  T  E  Ž  E  N  Z
```

GORKA	TEŽINA
APETIT	DEO
URAVNOTEŽEN	PROTEINA
KALORIJA	KVALITET
JESTIVO	SOS
DIJETA	ZDRAVLJE
VARENJE	ZDRAV
FERMENTACIJE	ZAČINI
UKUS	OTROV
TEČNOSTI	VITAMIN

57 - Matematica

```
J O A G U O R T A R D A V K
G D B V O L U M E N O F A И
E K K I N O A G U O V A R P
U P L B M J M J A G I C A S
G A F A R I T M E T I K A I
L R R C A D A O Y K F C D M
O A A N O G I L O P D V E E
V L K T N E N O P S K E C T
A E C J E D N A Č I N A I R
R L I N J M E B H P O V M I
L N J S U J I D A R D M A J
Z I A S H E A R O I S K L A
E J I R T E M O E G E R N J
N B M K I N Č E R P K E E O
```

UGLOVA
ARITMETIKA
OBIM
DECIMALNE
PREČNIK
ODSEK
JEDNAČINA
EKSPONENT
FRAKCIJA
GEOMETRIJE

PARALELNI
PERIMETAR
POLIGONA
KVADRAT
RADIJUS
PRAVOUGAONIK
SIMETRIJA
TROUGAO
VOLUMEN

58 - Meditazione

```
S P O И P E P P J P P И N L
A E F T R N O H O J J A A J
O R L И I L S I M K C F K U
S S Z P H A M B C U R T A B
E P N H V T A E N I H E M A
Ć E P D A N T A M J P V T Z
A K R I T E R Y R O P F H N
N T I S A M A F A R C F G O
J I R A N A N I Š I T I D S
E V O N J K J S T A V C J T
O E D J E O E P A Ž N J A A
T N A E J A S N O Ć E L C J
M U Z I K A M I R M I R N O
Z A H V A L N O S T D K S P
```

PRIHVATANJE	POKRET
PAŽNJA	MUZIKA
MIRNO	PRIRODA
JASNOĆE	POSMATRANJE
SAOSEĆANJE	MIR
EMOCIJA	MISLI
LJUBAZNOST	STAV
ZAHVALNOST	PERSPEKTIVE
MENTALNE	DISANJE
UM	TIŠINA

59 - Elettricità

```
U  C  I  E  И  K  A  U  L  A  M  B  C  C
S  T  E  N  G  A  M  L  A  M  P  A  M  V
K  M  I  G  E  N  E  R  A  T  O  R  Z  A
L  R  T  Č  R  A  Č  I  R  T  K  E  L  E
A  E  E  U  N  L  A  S  E  R  M  N  N  T
D  Ž  L  E  J  I  R  E  T  A  B  V  L  K
I  A  E  C  K  A  C  I  L  A  J  I  S  E
Š  N  F  I  A  V  O  A  U  T  B  T  L  J
T  I  O  Ž  B  J  O  P  R  E  M  A  J  B
E  Č  N  V  L  Z  P  G  J  M  K  G  M  O
L  I  N  Č  I  R  T  K  E  L  E  E  V  O
F  L  P  O  Z  I  T  I  V  N  O  N  P  M
H  O  T  E  L  E  V  I  Z  I  J  A  M  I
Y  K  J  M  E  H  L  D  K  A  G  Y  U  F
```

OPREMA	LASER
BATERIJE	MAGNET
KABL	NEGATIVNE
SKLADIŠTE	OBJEKTE
ELEKTRIČAR	POZITIVNO
ELEKTRIČNI	UTIČNICA
ŽICE	KOLIČINA
GENERATOR	MREŽA
LAMPA	TELEFON
SIJALICA	TELEVIZIJA

60 - Antiquariato

```
D K O V A N I C E R U K Y N
V E S T A N J E R E M V A A
R N C S T I L S U S E A U M
E V O E S A L O T T L T E
D I N B N J T C P A N I E Š
N T Č L A I F O L U O T N T
O A I P T R J T U R S E T A
S R B E N E Z A K A T T I J
T O O Y A L M N S C L A Č U
R K E V G A И E G I R A A P
V E N H E G V C P J R P N Z
P D I U L B O C S A И A U T
N V Z V E A U K C I J I T G
I N V E S T I C I J A E P S
```

UMETNOST	NAMEŠTAJ
AUKCIJI	KOVANICE
AUTENTIČAN	CENA
STANJE	KVALITET
DECENIJA	RESTAURACIJA
DEKORATIVNE	SKULPTURE
ELEGANTAN	VEK
GALERIJA	STIL
NEOBIČNO	VREDNOST
INVESTICIJA	STARI

61 - Escursionismo

```
N  P  И  O  V  N  P  P  A  M  A  P  A  K
G  R  I  A  V  O  K  R  A  P  Č  K  P  A
D  I  V  L  J  A  D  L  V  G  I  L  O  M
T  I  T  S  O  N  S  A  P  O  Z  I  L  P
K  A  M  E  N  J  E  U  K  R  M  M  O  O
И  P  B  B  N  S  C  M  Y  L  E  A  Ž  V
S  U  N  C  E  I  L  O  L  P  I  R  A  A
V  O  D  I  Č  I  N  R  G  P  S  F  J  N
S  A  M  I  T  U  E  A  K  Š  E  T  A  J
E  Z  Y  B  R  L  B  N  L  S  L  R  G  E
Ž  I  V  O  T  I  N  J  E  P  J  A  A  R
N  C  N  F  P  R  I  R  O  D  A  U  Y  D
J  R  S  U  O  E  P  R  I  P  R  E  M  A
M  A  P  F  U  B  U  I  V  Y  J  J  A  S
```

VODA	OPASNOSTI
ŽIVOTINJE	TEŠKA
KAMPOVANJE	KAMENJE
KLIMA	PRIPREMA
VODIČI	KLIF
MAPA	DIVLJA
PLANINE	SUNCE
PRIRODA	UMORAN
POLOŽAJ	ČIZME
PARKOVA	SAMIT

62 - Professioni #1

```
P  I  F  G  C  A  V  O  L  Y  C  O  P  B
I  C  A  E  G  D  H  M  I  E  O  E  P  B
J  J  R  O  P  V  N  B  L  O  P  Z  S  K
A  И  M  L  M  O  N  O  R  T  S  A  I  A
N  M  A  O  R  K  I  N  Č  U  A  N  H  R
I  R  C  G  E  A  R  T  S  E  S  И  O  T
S  A  E  P  N  T  T  B  C  E  A  R  L  O
T  Č  U  G  E  L  U  A  A  A  Z  H  O  G
A  I  T  U  R  G  P  M  L  N  B  A  G  R
P  Z  Z  A  T  L  A  A  E  Z  K  I  B  A
M  U  R  E  D  N  I  K  T  T  F  A  I  F
U  M  M  O  R  N  A  R  T  F  N  J  R  P
P  L  E  S  A  Č  I  C  A  Y  T  I  G  A
N  H  H  A  M  B  A  S  A  D  O  R  K  R
```

TRENER
AMBASADOR
UMETNIK
ASTRONOM
ADVOKAT
PLESAČICA
BANKAR
LOVAC
KARTOGRAF
UREDNIK

FARMACEUT
GEOLOG
ZLATAR
SESTRA
MORNAR
MUZIČAR
PIJANISTA
PSIHOLOG
NAUČNIK

63 - Antartide

```
P G T U D J J T I O J P O V
N A U Č N E G E S K H O B O
E K O U G B L M T R U L L D
K O Č M E P S P R U F U A A
S S U B O Y F E A Ž G O C R
P T V J G O P R Ž E K S I E
E R A O R G S A I N O T M Č
D V N U A J Y T V J N R K E
I A J Z F T G U A U T V Z L
C K E A I Z И R Č P I O V G
I P O U J V R A L K N P И N
J A I R E И L L K Y E A J R
E J I C A R G I M E N T D N
M I N E R A L A V O T I K P
```

VODA
OKRUŽENJU
BEJ
KITOVA
OČUVANJE
KONTINENT
GEOGRAFIJE
GLEČERA
LED
OSTRVA

MIGRACIJE
MINERALA
OBLACI
POLUOSTRVO
ISTRAŽIVAČ
ROKI
NAUČNE
EKSPEDICIJE
TEMPERATURA

64 - Libri

```
M U Y A J O A S T R A N A A
I E N V E Ž I J N K D A O U
N J D A N Y C T S Č N Y Y T
V I U N Č T I L E R I K T O
I Z H T I B I A R G O T C R
T E O U G S A K I L I M A E
N O V R A Y T R J A J I A Č
E P I A R E M O A I Z V V N
V K T M T S L T R P R I Č A
N A P I S A N A J I P I F F
I P V P D И O R V U J S G N
E P S K E Y I A Y C A S C D
T E B P T S O N J O V D K B
R E L E V A N T N O P И K I
```

AUTOR	POEZIJE
AVANTURA	RELEVANTNO
DVOJNOST	ROMAN
EPSKE	NAPISAN
INVENTIVNI	SERIJA
KNJIŽEVNE	PRIČA
ČITAČ	ISTORIJSKI
NARATOR	TRAGIČNE
STRANA	DUHOVIT

65 - Geografia

```
E V U J L M E Z A M Y N K K
A L R A M F G J A F T A S O
U I K E N I N A L P И J S N
N J M R K S V E T R A I E T
I И A O K E I C Z D N D V I
S K Z M E R R J H K O I E N
I D Y P U E F F И A I R R E
V A Z G D F И H G T G E J N
I M A P A S G H P S E M A T
S S C O R I Y G U J R P C S
I I A Y K M B N R T I D L B
N И A L R E I D N A E K O H
A E E A И H B Y F U D G V R
O И A T L A S O S T R V O P
```

VISINU
ATLAS
GRAD
KONTINENT
VISINA
HEMISFERE
REKE
OSTRVO
MAPA
MORE

MERIDIJAN
SVET
PLANINE
SEVER
OKEAN
ZAPAD
ZEMLJU
REGIONA
JUG

66 - Cibo #1

```
P A A J O Z C R P Z H R J I
S C U E N F A I G D F E N T
P U G Č U P T B T K K R A N
A K Y A M E S A T R O T N И
N T E M I C P D E D S K E E
A K A J L I S O B R D B R V
Ć S T K Š A R G A R E P A R
V E A U R M B A K B K F R E
D Y T L N U P J E E Š И E P
O S G B A A D Y L L U И Ć A
E O P S M T O Y M I R P E S
P K N V K И A G Z L K E Š Z
G O R M C S A V P U R V A R
C L H I I Y И V L K A M P B
```

BELI LUK
BOSILJAK
CIMET
MESA
ŠARGAREPA
LUK
JAGODA
SALATA
MLEKA
LIMUN

NANE
JEČAM
KRUŠKE
REPA
SO
SPANAĆ
SOK
TUNA
TORTA
ŠEĆERA

67 - Aeroplani

```
K  O  N  S  T  R  U  K  C  I  J  A  I  V
M  N  S  C  J  Y  P  L  A  K  O  E  S  I
N  O  V  I  R  O  G  O  F  Z  U  J  T  S
E  L  T  O  L  I  P  P  S  U  A  D  O  I
B  A  E  O  F  P  S  U  F  A  H  L  R  N
O  B  R  U  R  H  G  T  H  G  D  P  I  A
И  Z  J  D  Y  H  N  N  S  P  A  E  J  S
H  A  G  K  C  O  G  I  A  P  R  T  A  U
H  P  Z  I  R  T  P  K  A  O  U  N  N  E
V  E  J  N  A  T  E  R  K  L  T  S  N  V
F  K  T  O  V  I  S  I  N  U  N  H  L  Z
V  A  Z  D  U  H  S  L  E  T  A  N  J  A
J  Z  Y  O  Y  G  P  B  H  U  V  R  L  I
C  U  C  V  A  R  P  A  M  K  A  S  M  P
```

VISINA	SILAZAK
VISINU	POSADE
VAZDUH	VODONIK
SLETANJA	MOTOR
AVANTURA	KRETANJE
GORIVO	BALON
NEBO	PUTNIK
KONSTRUKCIJA	PILOT
PRAVCU	ISTORIJA

68 - Governo

```
S P V G A I L A E P B O U S
L J E J I T A R K O M E D P
O P F D I S K U S I J E Y O
B K I B D O S P D A S A R M
O Z S P V N C R U E U P Z E
D V J H A S H A S C B L P N
E L O B M I S V U S T A V I
D J K B U H D O K R U G K
K Y I P T A S A O L E B T V
I E H C N Z C I N L I V I C
V V Z P A E V A Ž R D D Y V
G O V O R N O K A Z M K E A
S H T N A C I O N A L N A R
F B B P Y P O L I T I K E H
```

LIDER	ZAKON
CIVILNI	SLOBODE
USTAV	SPOMENIK
DEMOKRATIJE	NACIONALNA
GOVOR	NACIJE
DISKUSIJE	POLITIKE
SUDSKE	OKRUG
PRAVDA	SIMBOL
NEZAVISNOST	DRŽAVE

69 - Bellezza

```
S  T  A  A  O  Š  M  S  F  F  K  E  F  P
T  Ž  T  P  G  A  A  E  N  K  O  L  O  R
I  Z  U  D  L  R  S  S  J  U  Z  E  T  O
L  T  L  R  E  M  K  A  O  C  M  G  O  I
I  A  J  E  D  D  A  G  H  M  E  A  G  Z
S  K  A  N  A  C  R  H  N  I  T  N  E  V
T  T  Z  G  L  Y  A  H  J  R  I  C  N  O
A  A  P  S  O  T  L  P  O  I  K  I  I  D
E  L  E  G  A  N  T  A  N  S  A  J  N  I
Z  G  I  N  Ž  Z  O  R  N  O  J  U  A  A
A  Y  U  G  O  O  B  K  L  G  O  E  N  R
K  P  P  L  K  Y  O  V  I  T  B  O  R  I
A  V  L  I  S  Š  A  M  P  O  N  U  A  G
M  M  I  U  F  U  T  P  Y  E  I  A  B  C
```

BOJA	MASKARA
KOZMETIKA	ULJA
ELEGANTAN	KOŽA
ELEGANCIJU	PROIZVODI
ŠARM	LOKNE
MAKAZE	RUŽ
FOTOGENIČAN	USLUGE
MIRIS	ŠAMPON
GREJS	OGLEDALO
GLATKA	STILISTA

70 - Avventura

```
J M P U T U J E C N T H A L
Z Z A V O Z A Z I E E R E T
S D V R U F P L V O Š A J T
D B Z Y G D G A V B K B I T
H P R I R O D A S I O R Z I
E T Š I D E R D O Č Ć O R J
E S G H M U I P A N E S U L
A K T I V N O S T O I T K E
L V M S H P P P R A D O S T
E F O A T D I H O S J F K A
P И N N A S A P O N J A E J
O U J I C A G I V A N F C I
T S O N R U G I S Š H R D R
A M E R P I R P N G A A M P
```

PRIJATELJI   PROGRAM
AKTIVNOST   PRIRODA
LEPOTA   NAVIGACIJU
ŠANSA   NOVA
HRABROST   OPASAN
ODREDIŠTE   PRIPREMA
TEŠKOĆE   IZAZOVA
EKSKURZIJE   SIGURNOST
RADOST   PUTUJE
NEOBIČNO

71 - Forme

```
L  R  Z  I  R  E  F  S  U  P  E  G  H  P
F  T  I  L  V  A  P  D  U  R  L  A  I  O
A  C  V  U  И  I  I  J  K  A  I  Z  P  L
R  E  D  K  T  K  C  И  R  V  P  J  E  I
U  B  P  U  L  Z  L  E  U  O  S  S  R  G
S  T  R  A  N  A  N  I  G  U  E  O  B  O
P  I  R  A  M  I  D  E  P  G  P  V  O  N
O  I  A  P  K  O  A  V  A  A  R  A  L  A
I  P  D  U  B  C  P  I  И  O  I  L  A  D
S  L  N  P  A  H  O  R  L  N  Z  N  G  Y
J  T  I  O  U  K  A  K  H  I  M  E  I  U
A  L  L  G  U  V  G  E  B  K  E  B  U  F
V  U  I  C  U  P  U  K  V  A  D  R  A  T
U  A  C  T  R  O  U  G  A  O  F  J  A  L
```

UGAO	STRANA
LUK	RED
IVICE	OVALNE
KRUG	PIRAMIDE
CILINDAR	POLIGONA
KLIP	PRIZME
KOCKA	KVADRAT
KRIVE	PRAVOUGAONIK
ELIPSE	SFERI
HIPERBOLA	TROUGAO

72 - Oceano

```
A  S  A  L  A  T  T  P  G  E  R  A  U  K
B  S  P  P  E  I  H  A  G  I  R  T  S  O
A  N  U  T  M  K  Y  O  C  F  L  R  A  R
R  J  E  C  I  N  T  O  B  O  H  I  O  N
K  O  R  A  L  V  A  И  D  K  Z  B  И  J
Š  K  A  M  P  I  D  C  S  I  Z  E  J  A
Y  J  J  A  J  U  L  O  O  B  A  C  D  Č
K  A  L  Č  Z  U  G  A  J  K  U  L  A  A
I  B  U  R  E  U  S  R  S  B  A  T  I  P
F  I  G  S  M  B  D  N  E  U  D  B  P  B
S  Y  E  N  I  F  L  E  D  B  N  V  J  L
P  Z  J  G  C  A  И  Y  M  J  E  Đ  L  A
P  J  O  F  Y  И  B  D  V  C  O  N  E  B
T  A  F  T  T  I  J  E  N  E  K  И  P  R
```

JEGULJA	OSTRIGA
KIT	RIBE
ČAMAC	HOBOTNICE
KORAL	SO
DELFIN	GREBEN
ŠKAMPI	SUNĐER
KRABA	AJKULA
PLIME	KORNJAČA
MEDUZA	OLUJA
TALASA	TUNA

73 - Famiglia

```
S  L  J  J  Y  I  A  F  H  Z  J  G  M  T
P  G  D  F  F  E  P  G  T  И  M  K  A  E
D  F  Y  U  U  P  T  K  A  Đ  O  R  J  T
T  E  T  E  D  E  C  A  K  J  A  M  Č  K
M  A  T  A  Z  I  A  R  R  P  A  Y  I  A
P  P  B  I  G  A  T  T  E  B  E  R  N  O
L  R  H  G  N  K  O  S  Ć  L  Z  R  И
B  S  E  M  E  J  O  E  U  J  A  K  K  M
G  U  K  D  K  A  S  S  J  S  J  F  E  N
P  P  S  D  A  G  J  T  R  U  C  H  T  C
A  R  N  Ć  K  T  E  V  B  A  K  A  И
M  U  I  D  E  C  I  C  N  A  Z  I  L  B
U  G  Č  A  N  N  K  K  D  C  L  H  V  P
Ž  A  O  V  U  U  G  S  P  V  M  B  D  S
```

PREDAK	MAJČINSKE
DECA	SUPRUGA
DETE	NEĆAK
ROĐAK	BAKA
ĆERKA	DEDA
BRAT	OTAC
BLIZANCI	OČINSKE
DETINJSTVA	SESTRA
MAJKA	TETKA
MUŽ	UJAK

74 - Creatività

```
I  D  E  J  E  S  H  V  И  C  A  H  D  U
S  M  A  Š  T  E  L  B  Z  H  J  I  G  M
L  P  F  S  Z  U  H  I  P  T  I  N  S  E
E  Ć  O  N  S  A  J  B  K  Z  C  V  K  T
D  A  И  N  L  V  E  S  O  A  A  I  E  N
N  A  Č  I  T  A  M  A  R  D  R  T  E  I
S  O  Y  M  Y  A  V  E  Š  T  I  N  A  Č
I  D  Z  V  L  U  N  E  L  L  P  E  J  K
Y  Z  T  H  E  B  И  I  K  K  S  V  N  E
M  S  R  U  T  I  S  A  K  C  N  N  A  J
Z  И  Y  A  S  Z  V  N  L  N  I  I  Ć  I
I  E  A  G  Z  E  M  O  C  I  J  A  E  Z
S  E  N  Z  A  C  I  J  A  J  Y  D  S  I
I  N  T  E  N  Z  I  T  E  T  B  I  O  V
```

VEŠTINA
UMETNIČKE
JASNOĆE
DRAMATIČAN
EMOCIJA
IZRAZ
IDEJE
MAŠTE
SLIKA

UTISAK
INTENZITET
INVENTIVNI
INSPIRACIJA
SENZACIJA
OSEĆANJA
SPONTANI
VIZIJE

75 - Veicoli

```
H R A K E T A B A J A B M И
E O A P U N T I H C T Y P T
L T A I N G O B N A Z B M M
I O T B Z P И I S K A T F E
K M Y Y I R O C V T K Z S A
O T A H N Z R I L A I B U E
P R U D И P E K F A D V B T
T A P C A C R L T B T P O V
E K K A R A V A N K R A T Z
R T C M B F A I I O A N U A
D O J A E M U G C L J H A L
R R Y Č Y T V K L A E P R J
K A M I O N R E T U K S E L
S P L A V A I O R V T Z U B
```

AVION
HITNU
KOLA
AUTOBUS
ČAMAC
BICIKL
KAMION
KARAVAN
HELIKOPTER
METRO

MOTOR
GUME
RAKETA
SKUTER
TAKSI
TRAJEKT
TRAKTOR
VOZ
SPLAV

76 - Emozioni

```
G Z A H V A L A N Z P P И A
S T R A H J G R V A P G I И
C B H A I И K M J D L O B O
R N H O G O Y T S O N Ž E N
S E D A S O D F L V S E B E
A J L R N O C D Y O R I M T
D I Z J A R H D P L A L T Š
R T K F E D L C S J M P K U
Ž A O P O F O J H A O D S P
A P H L P H Y S U N T A И O
J M S P O K O J T B A B G N
L I T U G A H V T A A L M R
T S O N Z A B U J L Z V I I
I Z N E N A Đ E N J E H R M
```

LJUBAV
MIRNO
SADRŽAJ
LJUBAZNOST
RADOST
ZAHVALAN
SRAMOTA
DOSADE
MIR
STRAH

BES
OPUŠTENO
RELJEF
SIMPATIJE
ZADOVOLJAN
IZNENAĐENJE
NEŽNOST
SPOKOJ
TUGA

77 - Natura

```
E  A  S  S  Y  R  P  D  O  L  A  P  C  D
C  V  P  K  Ž  J  L  I  E  P  F  M  I  I
J  F  O  L  I  S  A  N  U  H  D  S  C  V
G  R  K  O  V  V  N  A  L  U  P  K  A  L
R  Y  O  N  O  E  I  M  E  Ć  Š  I  L  J
E  M  J  I  T  T  N  I  P  L  D  F  B  A
K  A  A  Š  I  I  E  Č  O  J  E  B  O  P
E  G  N  T  N  L  F  A  T  G  U  Č  P  P
K  L  P  E  J  I  H  N  A  M  U  Š  P  L
S  A  J  Z  E  Š  G  L  E  Č  E  R  Y  G
P  S  M  K  I  T  K  R  A  N  H  M  Y  U
O  И  O  V  V  E  P  U  S  T  I  N  J  I
R  E  R  O  Z  I  J  E  P  E  C  И  R  T
T  V  I  T  A  L  N  I  S  K  J  B  A  D
```

ŽIVOTINJE	GLEČER
PČELE	PLANINE
ARKTIK	MAGLA
LEPOTA	OBLACI
PUSTINJI	SKLONIŠTE
DINAMIČAN	SVETILIŠTE
EROZIJE	DIVLJA
REKE	SPOKOJAN
LIŠĆE	TROPSKE
ŠUMA	VITALNI

78 - Balletto

```
K  J  P  B  B  Z  M  G  B  J  Z  A  B  P
O  F  P  P  I  F  T  L  V  E  Ž  B  A  R
R  I  Z  R  A  Ž  A  J  A  N  O  U  K  O
E  P  U  B  L  I  K  E  Ć  Z  R  M  I  B
O  R  F  J  S  И  K  A  I  V  A  E  Z  E
G  K  J  И  V  D  P  S  Š  H  P  T  U  Y
R  A  T  S  E  K  R  O  I  G  L  N  M  A
A  C  B  F  T  E  B  S  M  M  E  I  A  K
F  N  A  Z  O  I  C  A  R  G  S  Č  T  I
I  И  G  U  N  V  L  K  A  C  A  K  I  N
J  S  E  A  N  I  T  Š  E  V  Č  E  R  H
A  P  S  L  A  N  I  R  E  L  A  B  Y  E
H  N  T  P  I  N  T  E  N  Z  I  T  E  T
N  R  B  A  K  O  M  P  O  Z  I  T  O  R
```

VEŠTINA	INTENZITET
APLAUZ	MIŠIĆA
UMETNIČKE	MUZIKA
BALERINA	ORKESTAR
PLESAČA	VEŽBA
KOMPOZITOR	PROBE
KOREOGRAFIJA	PUBLIKE
IZRAŽAJAN	RITAM
GEST	STIL
GRACIOZAN	TEHNIKA

79 - Paesi #1

```
M U S A O R Z G V I I L P K
B R A Z I L U P T R T I O A
D V A P I O T M O A R B L M
N E M A Č K A C U K K I J B
N O R V E Š K A E N И J S O
M A N T E J I V I G I A K D
S E N E G A L G Z B I J A Ž
F Š Р И G A A H R A P P A E
E U P H K A M H A D A N A K
O G P A L E U C E N E V K T
J L Z C N U P M L D M I S T
C L D J P I P A N A M A N G
I N D I J A J C S M Z M I S
M A R O K O K A S F O L F T
```

BRAZIL
KAMBODŽE
KANADA
EGIPAT
FINSKA
NEMAČKA
INDIJA
IRAK
IZRAEL
LIBIJA

MALI
MAROKO
NORVEŠKA
PANAMA
POLJSKA
RUMUNIJA
SENEGAL
ŠPANIJA
VENECUELA
VIJETNAM

80 - Geometria

```
P O V R Š I N A D L G A A T
D И S G T C U I I V C J V M
O B R A Č U N И M V Y I R V
J L A O R I N L E L A R A P
E F T J H B C G N D K T B P
D T R O U G A O Z J R E Y R
N A И R A V J E I P I M T E
A N I B V G I L J S V I N Č
Č E K O J U U S U I E S E N
I C D И E R T G I V R B M I
N O Y O H K A D U N B O G K
A R M E D I J A N A A Y E F
E P L O G I K E A S V A S T
H O R I Z O N T A L N E L F
```

VISINA
UGAO
OBRAČUN
KRUG
KRIVE
PREČNIK
DIMENZIJU
JEDNAČINA
LOGIKE
MEDIJANA

BROJ
HORIZONTALNE
PARALELNI
PROCENAT
SEGMENT
SIMETRIJA
POVRŠINA
TEORIJE
TROUGAO

81 - Foresta Pluviale

```
O  Č  U  V  A  N  J  E  P  Z  S  A  M  U
O  P  S  T  A  N  A  K  O  A  M  I  L  K
P  R  I  R  O  D  A  Y  Š  J  T  P  O  G
O  O  A  V  P  P  D  U  T  I  F  V  I  F
U  T  O  Č  I  Š  T  E  O  C  И  P  K  G
I  C  M  E  Z  O  D  O  V  A  M  K  Č  F
Y  N  F  O  P  P  R  B  A  R  A  S  I  S
E  I  S  M  P  A  H  L  T  U  P  V  N  D
K  V  G  E  K  I  B  A  I  A  T  T  A  Ž
Y  R  J  T  K  G  N  C  M  T  I  A  T  U
A  E  G  S  A  T  G  I  P  S  C  P  O  N
A  D  G  R  V  N  I  N  A  E  E  U  B  G
A  N  I  V  O  H  A  M  M  R  F  Z  A  L
K  E  R  A  Z  N  O  L  I  K  O  S  T  I
```

VODOZEMCI	OBLACI
BOTANIČKI	OČUVANJE
KLIMA	VREDNE
RAZNOLIKOST	RESTAURACIJA
DŽUNGLI	UTOČIŠTE
INSEKTI	POŠTOVATI
SISARA	OPSTANAK
MAHOVINA	VRSTE
PRIRODA	PTICE

82 - Edifici

```
И Z S И И A M A L V P L U S
Š K O L A N A D L G O A K U
Z K E Y P Š A T O R Z S C P
O A A G M B S T M C O T N E
A L M R B N H D S I R A B R
N U H A H O S T E L I D A M
Y K F E K I R B A F Š I M A
A M B A S A D E Z M T O B R
B I O S K O P H P N E N A K
P S J B O L N I C A N H R E
O P S E R V A T O R I J E T
M P V Y Z H O T E L B F A A
Y O U F F U N J P D A Z K M
H M Y R O T M K A U K D C P
```

AMBASADE
STAN
KABINE
ZAMAK
BIOSKOP
FABRIKE
AMBAR
HOTEL
MUZEJ

BOLNICA
OPSERVATORIJE
HOSTEL
ŠKOLA
STADION
SUPERMARKETA
POZORIŠTE
ŠATOR
KULA

83 - Paesi #2

```
R  J  H  И  L  N  K  A  A  K  F  Z  N  R
Y  C  K  K  C  A  K  J  A  M  A  J  M  U
L  O  M  D  J  P  O  A  E  H  S  A  F  S
Z  N  S  Z  N  A  T  S  I  K  A  P  E  I
H  P  I  T  E  J  I  R  I  S  G  M  U  J
Y  A  K  A  L  B  A  N  I  J  A  E  K  A
J  E  I  E  K  Č  R  G  F  N  K  K  R  L
G  O  G  T  I  S  L  S  C  I  S  S  A  I
U  I  E  A  I  Z  N  B  N  G  R  I  J  B
T  J  J  A  F  A  S  A  A  E  I  K  I  E
E  T  I  O  P  I  J  E  D  R  L  O  N  R
N  E  P  A  L  L  N  D  U  I  E  E  A  I
U  G  A  N  D  I  P  P  S  J  I  E  Z  J
И  Y  Y  F  F  C  D  U  U  A  P  H  K  E
```

ALBANIJA	MEKSIKO
DANSKA	NEPAL
ETIOPIJE	NIGERIJA
JAMAJKA	PAKISTAN
JAPAN	RUSIJA
GRČKE	SIRIJE
HAITI	SUDAN
IRSKA	UKRAJINA
LAOS	UGANDI
LIBERIJE	

84 - Tipi di Capelli

```
I  R  B  D  H  E  D  E  A  И  V  P  Z  K
K  T  E  N  B  Y  P  C  U  A  V  U  S  O
H  E  O  E  B  A  H  L  O  K  N  E  A  V
Z  P  E  B  E  C  I  N  E  T  E  L  P  R
U  E  B  R  A  O  N  I  C  A  G  F  H  D
V  K  E  A  M  D  И  I  I  L  D  A  P  Ž
F  K  D  D  I  P  Ć  S  L  G  U  K  B  A
N  G  R  J  N  D  L  E  V  G  G  A  E  V
I  T  J  A  E  V  U  A  L  C  O  U  J  A
P  B  T  K  T  K  L  И  V  A  R  D  Z  K
I  И  A  E  E  A  U  M  K  A  V  I  S  R
O  И  N  M  L  K  K  O  B  O  J  E  N  E
A  D  A  H  P  S  R  E  B  R  O  Y  V  N
T  D  K  L  K  B  V  B  C  R  N  A  E  P
```

SREBRO	DUGO
SUVA	BRAON
BEO	MEKA
PLAVA	CRNA
KRATAK	KOVRDŽAVA
ĆELAV	LOKNE
OBOJENE	ZDRAV
SIVA	TANAK
PLETENI	DEBEO
GLATKA	PLETENICE

85 - Vestiti

```
B L U Z A R K P A O G K O P
N T F A J E U O F V Š A E A
E S A J O P N K Š D A P I N
M Z M F K M K S A U L U R T
F O P P E E A A C V L T Z A
A R D T C Ž J N I S I J M L
R G H A E D И D L U M C A O
M R Š N L P V A R K F C E N
E D E I J V J L G N U U M E
R J Š J A I M E O J V P A И
K И I L O U T E D A C D Ž D
E B R A L E P I C E C Z D P
L S Y H U Y J A D D A A I I
N A R U K V I C A B K K P N
```

HALJINA	KECELJA
NARUKVICA	RUKAVICE
BLUZA	FARMERKE
KOŠULJA	DŽEMPER
ŠEŠIR	MODA
KAPUT	PANTALONE
POJAS	PIDŽAME
OGRLICA	SANDALE
JAKNU	CIPELA
SUKNJA	ŠAL

86 - Attività e Tempo Libero

```
P L I V A N J E A L P E B U
O D B O J K A O K A L И A K
K A M P O V A N J E A G Š L
R O J G Y A G C S I N E T T
S O P O O J O D K T I J O U
V L N U T J L L O A N C V M
L A I J Š O F O B V A A A E
M B O K E T S B B O R R N T
V D M L U N A Z F T E I S N
M U Z C F И J J P U N B T O
B F U L Z F P E U P J O V S
H O B I J E E B O Ć E L O T
S U R F O V A N J E E O V T
K O Š A R K U A I L J V P S
```

UMETNOST	RONJENJE
BEJZBOL	PLIVANJE
KOŠARKU	ODBOJKA
BOKS	RIBOLOV
FUDBAL	SLIKU
KAMPOVANJE	OPUŠTAJUĆE
PLANINARENJE	SURFOVANJE
BAŠTOVANSTVO	TENIS
GOLF	PUTOVATI
HOBIJE	

87 - Arte

```
I  N  S  N  A  S  I  R  I  P  S  N  I  I
I  A  P  A  E  J  I  Z  E  O  P  D  Z  S
S  D  O  E  S  R  H  O  J  L  J  P  R  K
T  R  R  C  M  T  V  A  N  P  I  F  A  R
V  E  T  E  J  A  A  G  E  H  T  Č  Z  E
O  A  R  C  A  R  E  V  Ž  P  P  N  N  N
R  L  E  K  I  L  S  G  O  A  J  P  H  I
I  I  T  E  R  U  T  P  L  U  K  S  E  N
T  Z  H  P  F  D  E  S  O  K  F  U  V  I
I  A  N  L  F  P  M  O  P  A  O  A  F  U
P  M  V  N  A  V  A  T  S  O  N  D  E  J
S  I  M  B  O  L  V  A  A  T  И  A  C  A
K  O  M  P  L  E  K  S  R  J  P  M  L  V
K  E  R  A  M  I  Č  K  E  Y  T  D  M  P
```

KERAMIČKE
KOMPLEKS
SASTAV
STVORITI
SLIKE
IZRAZ
INSPIRISAN
ISKREN
LIČNI

POEZIJE
PORTRET
SKULPTURE
JEDNOSTAVAN
SIMBOL
TEMA
NADREALIZAM
RASPOLOŽENJE

88 - Meteo

```
H  P  A  F  D  E  И  J  A  L  N  I  P  C
C  P  C  E  D  J  L  V  И  M  A  G  L  A
G  R  M  L  J  A  V  I  N  A  G  O  K  R
T  M  K  I  C  M  O  N  U  R  A  B  N  A
T  O  U  P  J  I  L  R  S  E  R  L  E  T
G  E  R  N  H  L  U  A  N  F  U  A  B  E
S  Š  Y  N  J  K  J  L  O  S  V  K  O  V
M  U  S  G  A  E  A  O  M  O  E  T  L  O
A  S  V  Z  G  D  P  P  D  M  T  R  E  P
B  T  S  A  U  E  O  F  O  T  A  O  Y  Z
P  N  E  T  D  B  N  A  F  A  R  P  И  Y
T  E  M  P  E  R  A  T  U  R  A  S  P  L
T  R  C  V  L  D  C  G  I  C  H  K  P  F
U  T  B  C  C  G  J  Z  V  И  A  E  E  P
```

DUGA	OBLAK
SUVA	POLARNI
ATMOSFERA	SUŠE
POVETARAC	TEMPERATURA
NEBO	OLUJA
KLIMA	TORNADO
MUNJE	TROPSKE
LED	GRMLJAVINA
MONSUN	URAGAN
MAGLA	VETAR

89 - Corpo Umano

```
B  K  B  M  V  R  J  M  O  Z  A  K  Z  J
T  M  S  N  R  C  T  O  V  D  U  A  T  A
N  O  G  U  A  Ž  O  K  U  V  E  M  A  R
L  Y  G  R  T  H  T  O  N  E  L  O  K  P
Y  K  C  И  L  I  A  P  B  O  P  T  A  R
R  M  V  И  И  Z  G  U  R  E  K  S  L  S
Z  R  A  J  S  U  S  D  A  B  K  O  A  T
E  P  L  F  N  B  P  U  D  G  Z  Z  N  M
O  H  N  O  S  B  P  Z  A  L  И  I  D  P
U  S  T  A  V  R  N  A  P  A  I  R  F  T
B  И  S  Z  P  P  U  Z  L  V  F  E  G  O
I  Y  V  R  Y  S  V  K  U  A  L  U  C  C
H  K  R  V  C  R  P  K  A  O  U  B  J  K
T  G  G  P  D  E  C  I  L  D  J  M  M  K
```

USTA	BRADA
MOZAK	NOS
VRAT	OKO
SRCE	UVO
PRST	KOŽA
LICE	KRV
NOGU	RAME
KOLENO	STOMAK
LAKAT	GLAVA
RUKA	

90 - Mammiferi

H	U	A	D	Y	G	S	Z	M	И	J	C	R	D
P	G	I	U	S	R	G	E	A	A	R	B	E	Z
G	H	V	E	M	J	K	C	F	V	J	J	O	U
S	L	O	N	И	L	P	K	A	P	A	M	P	T
K	Y	A	M	Z	U	Y	B	R	S	G	I	U	M
E	G	H	E	M	B	A	L	I	R	O	G	G	N
N	O	D	D	S	И	R	Y	Ž	K	U	V	G	D
G	Z	A	V	M	A	Č	K	A	P	J	V	F	L
U	N	C	E	A	T	O	J	O	K	M	O	I	L
R	G	I	D	N	I	V	O	U	S	E	C	D	A
I	И	S	F	E	K	C	P	A	S	F	T	J	V
G	F	I	P	L	G	E	N	S	U	C	R	R	R
R	O	L	R	E	E	B	S	F	K	O	N	J	Z
K	C	T	Z	J	V	D	S	L	O	N	K	И	P

KIT

PAS

KENGUR

KONJ

JELENA

ZEC

KOJOTA

DELFIN

SLON

MAČKA

ŽIRAFA

GORILA

LAV

VUK

MEDVED

OVCE

MAJMUN

BIK

LISICA

ZEBRA

91 - Animali Domestici

```
K H Z G E M G T F D F T M O
O O R G M B U D H L L E A K
A R R Č R F Š Z R S Z Y Č O
V O G N A K T S A P S T E V
C L L A J K E Y N P U K D R
Z B M A V A R K A C V P M A
E U P C A K Č A M Z P A I T
C R I B E H J A G A P A P N
Š V E T E R I N A R A P A I
P T P J P Š P O V O D A C K
Z A E D H A E V H F O K K D
M I Š N D P R N F P V O H Y
J F I L E E B E И H L Z P T
D U N A L E S I V B D A A A
```

VODA	MAČKA
PAS	POVODAC
KOZA	GUŠTER
HRANA	KRAVA
REP	PAPAGAJ
OKOVRATNIK	RIBE
ZEC	KORNJAČA
HRČAK	MIŠ
ŠTENE	VETERINAR
MAČE	ŠAPE

92 - Cucina

```
S  A  L  V  E  T  A  R  E  C  E  P  T  B
И  K  A  K  A  R  E  Đ  N  U  S  O  K  U
Č  I  N  I  J  U  O  L  M  V  R  E  E  E
A  N  A  R  H  H  K  Š  R  R  S  G  C  U
V  I  P  M  F  D  F  A  T  Č  D  K  E  И
I  Č  C  B  D  P  R  R  Š  I  U  P  L  N
Z  A  V  A  N  R  E  R  I  I  L  L  J  B
R  Z  O  D  O  F  L  N  T  Ž  K  J  A  G
M  Š  T  E  Ž  O  P  G  И  P  I  E  R  N
A  O  И  U  E  Č  A  J  N  I  K  D  Y  P
Z  L  N  A  V  V  S  P  B  U  L  G  E  T
M  J  K  G  I  Ć  I  P  A  T  Š  Z  O  R
O  E  K  Š  U  J  L  I  V  L  O  N  C  A
S  Y  K  P  A  H  T  G  A  L  G  B  И  P
```

ŠTAPIĆI	FRIŽIDER
ČAJNIK	KECELJA
VRČ	ROŠTILJ
HRANA	LONCA
ČINIJU	RECEPT
NOŽEVI	ZAČINI
ZAMRZIVAČ	SUNĐER
KAŠIKE	ŠOLJE
VILJUŠKE	SALVETA
RERNA	TEGLU

93 - Giardinaggio

```
K P F E U C L V R S T E I N
G O R C M V I F H E A P C P
C D N L L E S D N N Z I I U
K V J T J T T E V M G H N A
O B E O E A S E Z O N S K I
M U M T E J V K L I M A A C
P K E J N U N Š G K Y F Z R
O E S E Č I V E T Č R Y E E
S T I S I H O Ć R I R A M V
T F B T T V Ć Š F N N V L O
I C A I O L N N A P E J C
E G S V Z A J L A T F E A E
E D Y O G G A A J O V O D A
U J K F E E K C H B V P U U
```

VODA
BOTANIČKI
KLIMA
JESTIVO
KOMPOST
KONTEJNER
EGZOTIČNE
CVET
CVETNI
LIST

LIŠĆE
VOĆNJAK
BUKET
SEME
VRSTE
PRLJAVŠTINE
SEZONSKI
ZEMLJA
CREVO
VLAGE

94 - Universo

```
H S O L S T I C I J A S E M
M O N O R T S A M A T O O E
O E R O T A V K E J A L N S
T R H I I L V J Z I T A V E
E E B L Z Y P L A S M R I C
L F Z I P O V J N K O N D Y
E S O F T K N P E A S E L P
S I D K B U O T B L F R J I
K M I F S C K S O A E C I V
O E J H J L S V M G R B V Y
P H A U Z F E J P I A N E U
P T K Y L P B R S R Č A A L
M I A A S T E R O I D K S A
D E J I M O N O R T S A E J
```

ASTEROID
ASTRONOMIJE
ASTRONOM
ATMOSFERA
TAMA
NEBESKO
NEBO
KOSMIČKE
HEMISFERE
EON

EKVATOR
GALAKSIJA
MESEC
ORBITU
HORIZONT
SOLARNE
SOLSTICIJA
TELESKOP
VIDLJIVE
ZODIJAKA

95 - Jazz

```
Ž  V  G  T  A  O  N  C  E  P  M  T  F  V
I  A  M  S  E  P  R  A  S  J  U  B  L  B
M  T  N  F  F  J  J  K  G  I  B  M  A  V
P  S  I  R  P  S  K  И  E  L  L  I  T  S
R  A  T  E  H  N  I  K  A  S  A  U  J  P
O  S  F  A  V  O  R  I  T  A  T  S  H  M
V  H  И  Z  N  D  Z  U  A  L  P  A  A  O
I  O  D  P  O  M  D  O  N  M  S  K  R  K
Z  Z  K  G  V  H  B  F  Z  J  E  I  И  I
A  A  E  R  A  P  A  R  O  P  K  Z  P  N
C  M  H  I  E  K  C  U  P  T  K  U  R  T
I  I  U  T  R  E  C  N  O  K  C  M  A  E
J  M  P  A  T  A  L  E  N  A  T  H  D  M
E  C  A  M  S  T  A  R  I  N  Y  H  B  U
```

ALBUM	MUZIKA
APLAUZ	NOVA
UMETNIK	ORKESTAR
PESMA	FAVORITA
SASTAV	RITAM
KONCERT	STIL
NAGLASAK	TALENAT
POZNAT	TEHNIKA
ŽANR	STARI
IMPROVIZACIJE	

96 - Vacanze #2

```
R  F  T  H  A  P  U  P  I  S  K  A  T  S
O  E  O  A  H  V  A  Ž  A  L  P  E  N  T
M  D  S  T  N  O  P  S  R  K  H  R  P  R
D  H  Z  T  O  Z  A  T  O  D  P  O  P  A
O  G  S  F  O  G  M  Y  T  Š  R  D  U  N
M  O  R  E  F  R  R  O  A  C  E  R  T  A
Z  K  O  G  S  A  A  A  Š  U  V  O  O  C
D  A  I  S  V  Z  H  N  F  P  O  M  V  S
O  D  R  E  D  I  Š  T  E  I  Z  A  A  N
K  A  M  P  O  V  A  N  J  E  J  Z  N  N
K  D  Z  E  H  H  O  T  E  L  L  E  J  O
J  I  G  K  I  S  P  B  N  V  S  C  E  N
P  A  V  A  U  K  D  D  U  J  B  E  N  D
S  L  O  B  O  D  N  O  V  R  T  S  O  D
```

AERODROM	PLAŽA
KAMPOVANJE	STRANAC
ODREDIŠTE	TAKSI
FOTOGRAFIJE	SLOBODNO
HOTEL	ŠATOR
OSTRVO	PREVOZ
MAPA	VOZ
MORE	ODMOR
PASOŠ	PUTOVANJE
RESTORAN	VIZA

97 - Attività

```
V  L  И  Z  A  G  O  N  E  T  K  E  K  A
Z  E  J  I  F  A  R  G  O  T  O  F  A  K
A  J  Š  U  M  E  T  N  O  S  T  H  M  T
D  N  R  T  S  E  O  P  I  Y  I  A  P  I
O  A  I  P  I  J  Z  J  Z  N  R  I  O  V
V  T  B  H  Y  N  T  Z  A  V  S  Y  V  N
O  I  O  T  M  E  A  A  I  G  R  E  A  O
L  Č  L  K  B  V  G  N  J  G  P  L  N  S
J  P  O  L  L  I  N  A  Z  I  A  O  J  T
S  B  V  P  Z  Š  D  T  Z  E  G  V  E  R
T  N  E  J  N  E  R  A  N  I  N  A  L  P
V  R  E  L  A  K  S  A  C  I  J  A  M  J
O  V  T  S  N  A  V  O  T  Š  A  B  O  P
P  L  E  S  K  E  R  A  M  I  K  E  I  H
```

VEŠTINA	FOTOGRAFIJE
UMETNOST	BAŠTOVANSTVO
ZANATA	IGRE
AKTIVNOST	ČITANJE
LOV	MAGIJA
KAMPOVANJE	RIBOLOV
KERAMIKE	ZADOVOLJSTVO
ŠIVENJE	ZAGONETKE
PLES	RELAKSACIJA
PLANINARENJE	

98 - Diplomazia

```
R  G  O  L  B  И  E  Z  U  E  O  A  F  T
J  E  T  A  Y  L  E  A  G  K  T  J  Y  B
M  E  N  P  D  P  K  J  O  I  A  I  И  G
U  D  J  V  V  K  S  E  V  T  M  C  K  N
J  A  D  A  L  V  N  D  O  I  B  U  I  E
A  S  U  K  O  B  A  N  R  L  A  L  N  J
J  A  A  T  A  D  Đ  I  A  O  S  O  T  I
N  B  F  S  И  E  A  C  Y  P  A  Z  E  S
D  M  Y  S  A  И  R  A  L  R  D  E  V  U
A  A  T  E  L  U  G  E  S  L  O  R  A  K
R  E  Š  E  N  J  E  R  H  O  R  J  S  S
A  I  N  T  E  G  R  I  T  E  T  P  Y  I
S  S  I  G  U  R  N  O  S  T  R  S  T  D
G  R  A  Đ  A  N  A  P  R  A  V  D  A  D
```

AMBASADE
AMBASADOR
GRAĐANA
GRAĐANSKE
ZAJEDNICA
SUKOBA
SAVETNIK
SARADNJA
DISKUSIJE

ETIKE
PRAVDA
VLADA
INTEGRITET
POLITIKE
REZOLUCIJA
SIGURNOST
REŠENJE
UGOVORA

99 - Forniture Artistiche

```
H  L  I  R  K  A  D  O  V  U  B  M  S  Y
O  O  E  D  Y  P  J  A  A  G  O  K  K  G
A  T  J  P  E  M  O  D  T  A  J  P  F  N
B  N  L  Y  A  J  R  L  S  L  E  O  B  O
I  H  U  O  R  K  E  D  O  J  U  E  K  D
S  T  O  L  I  C  A  S  N  V  H  И  L  A
G  U  M  I  C  A  L  T  V  P  K  I  E  N
P  A  S  T  E  L  A  A  I  O  Z  E  J  T
P  M  S  S  R  P  R  L  T  D  M  R  H  Z
N  I  P  A  J  A  E  A  A  D  G  N  L  Č
Z  S  P  M  G  P  M  K  E  I  N  M  T  E
A  G  A  P  D  H  A  Z  R  I  P  A  P  T
S  T  O  Y  M  C  K  C  K  I  I  N  И  K
Y  E  A  K  V  A  R  E  L  I  U  Z  B  E
```

VODA	GUMICA
AKVARELI	IDEJE
AKRIL	MASTILO
KLEJ	OLOVKE
UGALJ	ULJE
PAPIR	PASTELA
STALAK	STOLICA
LEPAK	ČETKE
BOJE	STO
KREATIVNOST	KAMERA

100 - Misurazioni

```
M  A  R  G  O  L  I  K  B  C  L  T  И  Š
U  I  N  E  P  E  T  S  A  E  I  O  T  I
V  N  N  U  R  S  N  S  J  N  T  N  D  R
O  F  C  U  O  P  K  L  T  T  A  A  U  I
L  V  P  A  T  A  I  M  A  I  R  Č  B  N
U  I  M  E  T  A  R  R  G  M  K  N  I  A
M  S  Z  C  M  S  U  R  A  E  I  I  N  V
E  I  P  H  M  G  S  A  T  T  L  C  A  C
N  N  M  A  S  E  M  U  E  A  O  G  E  H
R  A  O  B  Y  И  E  D  Ž  R  M  R  Z  D
Y  F  J  U  V  G  H  J  I  L  E  A  Z  K
Z  S  P  I  L  T  R  A  N  T  T  M  P  P
S  B  D  U  Ž  I  N  A  A  M  A  S  И  N
K  B  P  И  G  N  B  N  F  G  R  G  U  H
```

VISINA	DUŽINA
BAJT	MASE
CENTIMETAR	METAR
KILOGRAM	MINUT
KILOMETAR	UNCA
DECIMALNE	TEŽINA
STEPEN	INČA
GRAM	DUBINA
ŠIRINA	TONA
LITAR	VOLUMEN

1 - Salute e Benessere #2

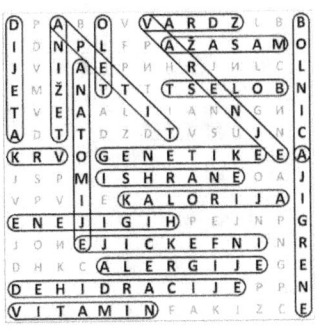

2 - Aggettivi #2

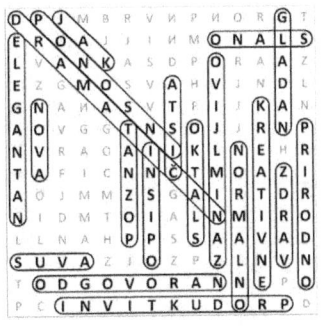

3 - Ingegneria

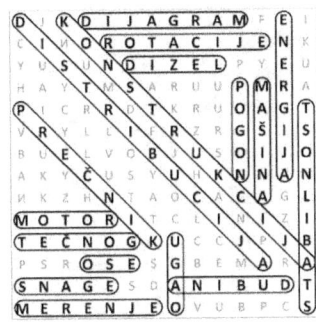

4 - Archeologia

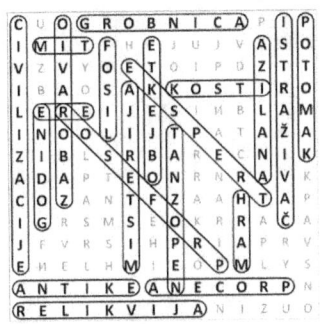

5 - Salute e Benessere #1

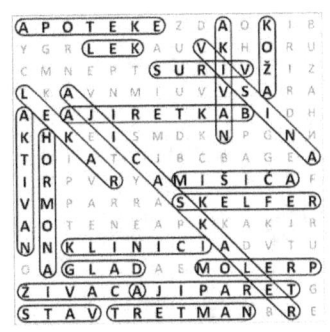

6 - Aggettivi #1

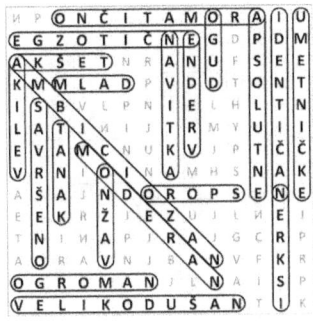

7 - Geologia

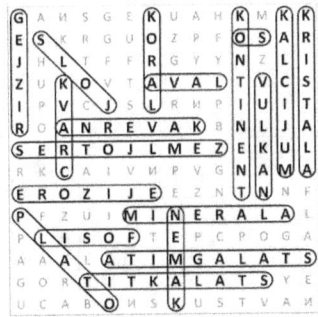

8 - Campeggio

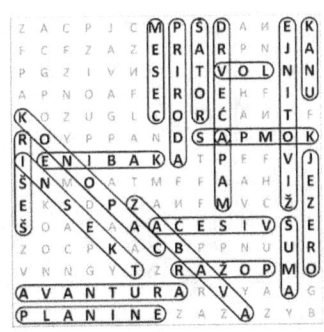

9 - Arti Visive

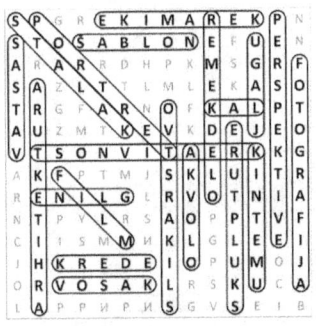

10 - Tempo

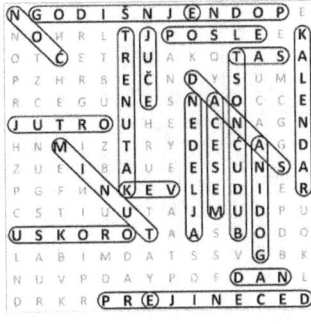

11 - Astronomia

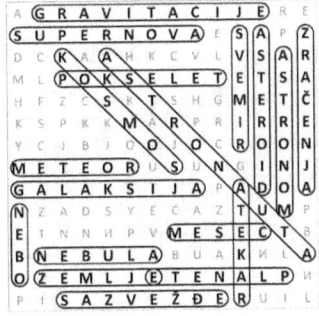

12 - Circo

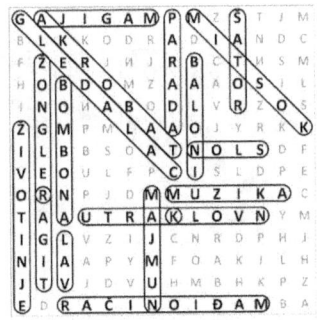

13 - Algebra

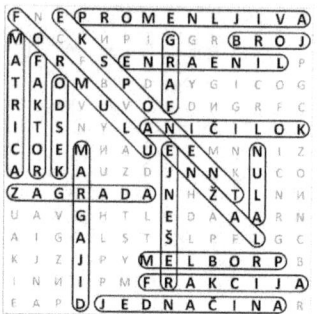

14 - Mitologia

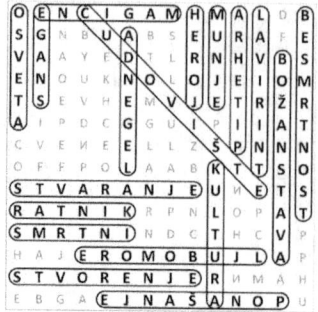

15 - Piante

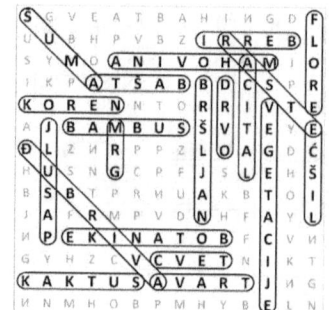

16 - Spezie

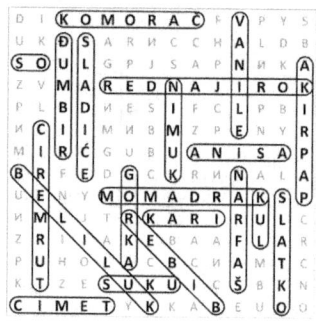

17 - Numeri

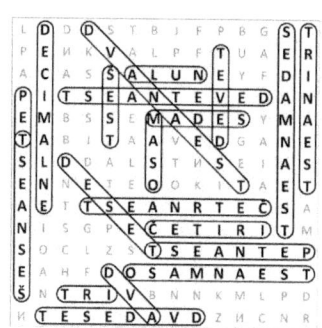

18 - Cioccolato

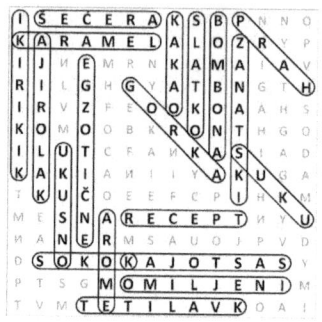

19 - Guida

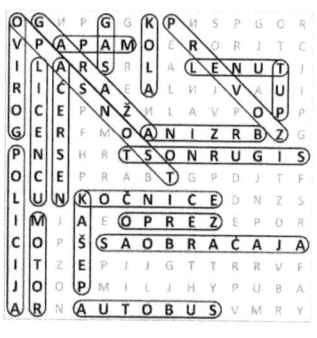

20 - I Media

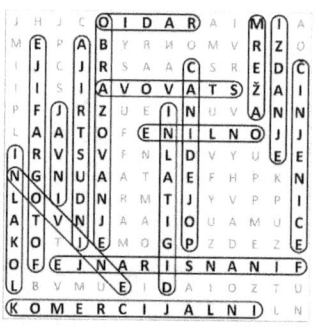

21 - Forza e Gravità

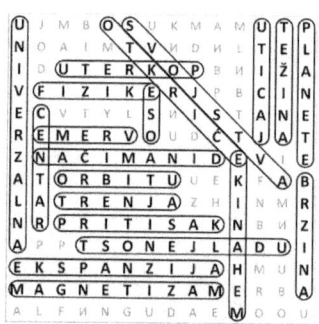

22 - Uccelli

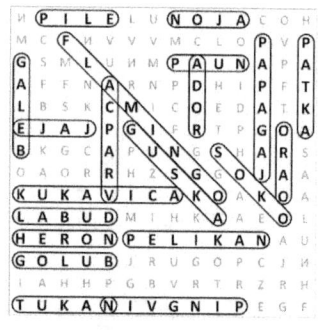

23 - Giorni e Mesi

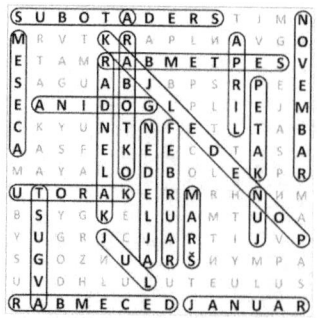

24 - Casa

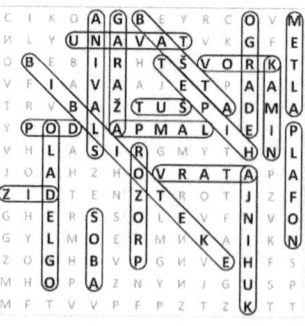

25 - Fantascienza

26 - Città

27 - Fattoria #1

28 - Psicologia

29 - Paesaggi

30 - Energia

31 - Moda

32 - L'Azienda

33 - Giardino

34 - Frutta

35 - Fattoria #2

36 - Verdure

37 - Musica

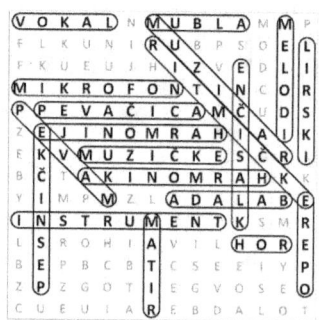

38 - Barbecue

39 - Fisica

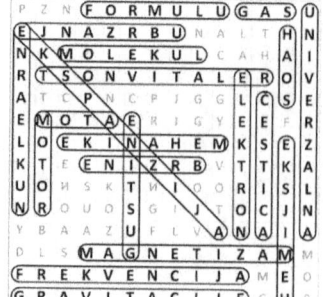

40 - Erboristeria

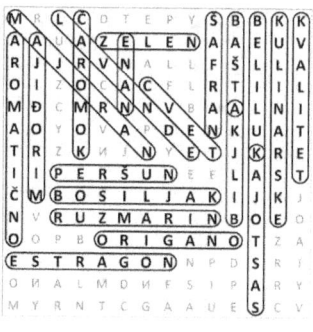

41 - Attività Commerciale

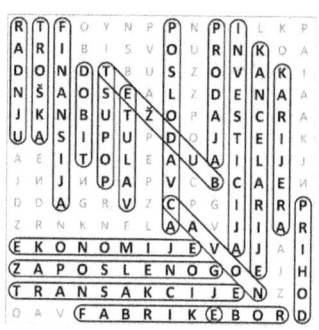

42 - Fiori

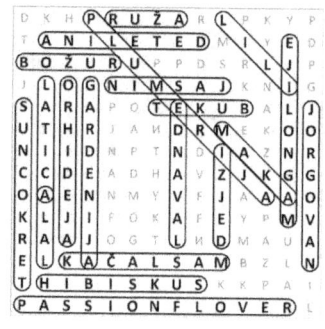

43 - Filantropia

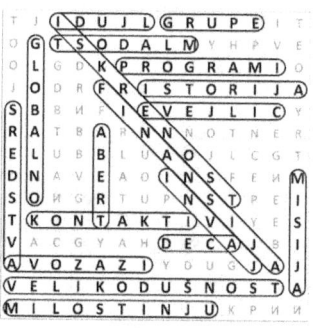

44 - Ecologia

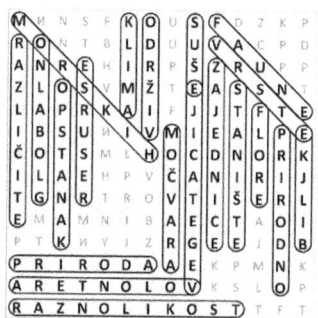

45 - Discipline Scientifiche

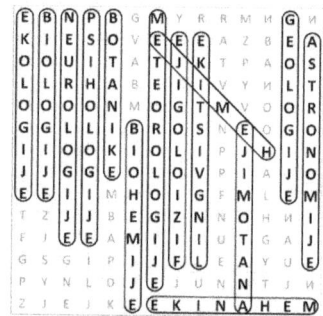

46 - Scienza

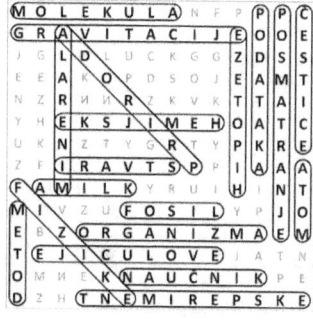

47 - Acqua

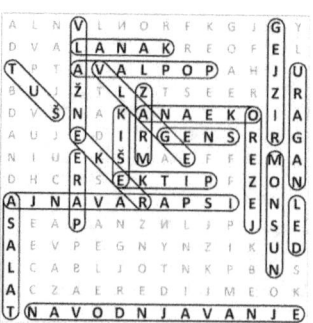

48 - Boxe

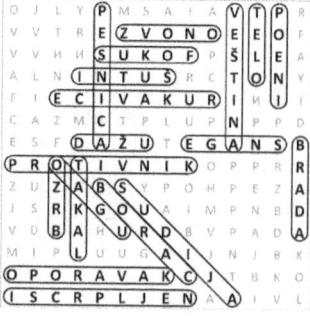

49 - Imbarcazioni

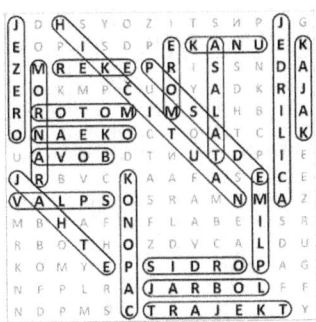

50 - Chimica

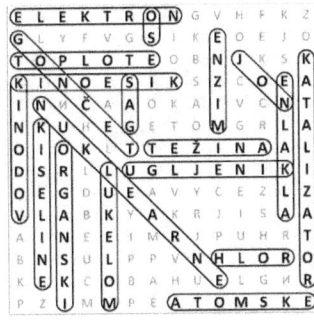

51 - Api

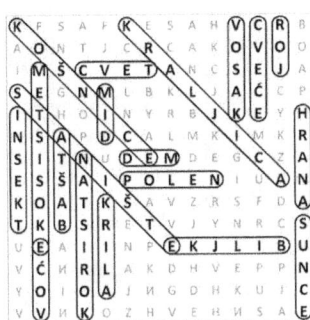

52 - Strumenti Musicali

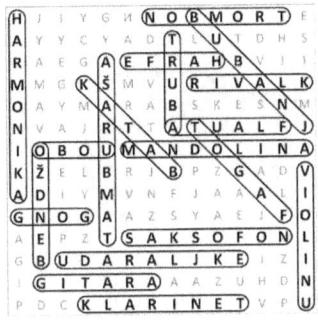

53 - Professioni #2

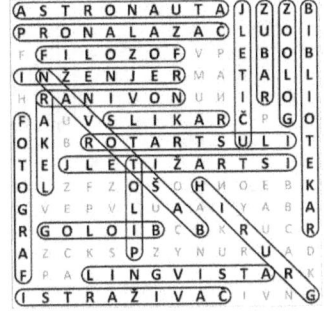

54 - Letteratura

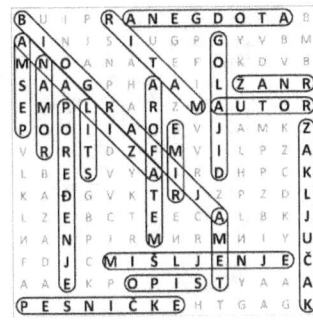

55 - Cibo #2

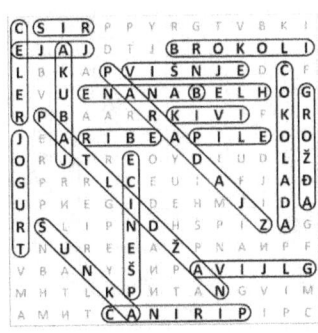

56 - Nutrizione

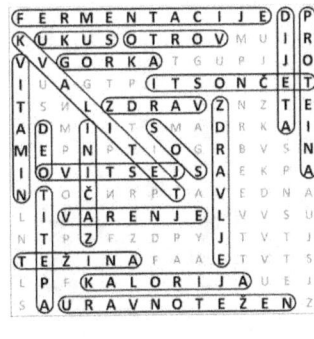

57 - Matematica

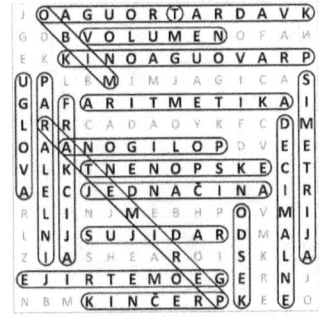

58 - Meditazione

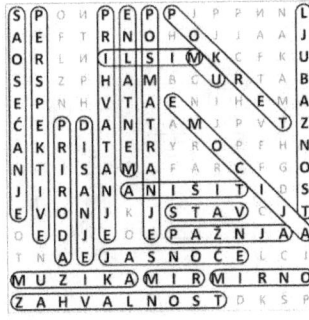

59 - Elettricità

60 - Antiquariato

61 - Escursionismo

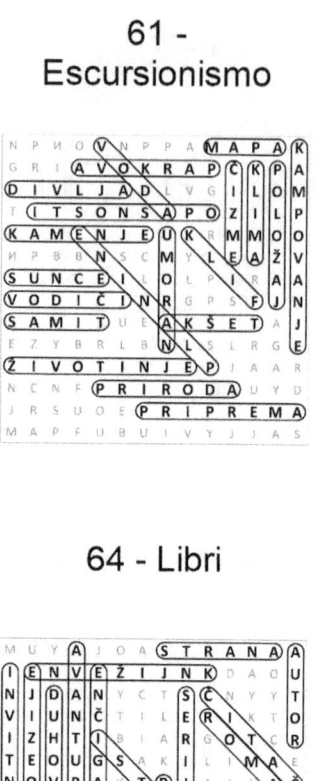

62 - Professioni #1

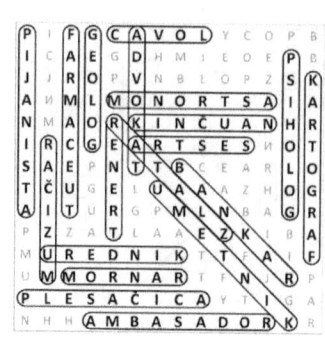

63 - Antartide

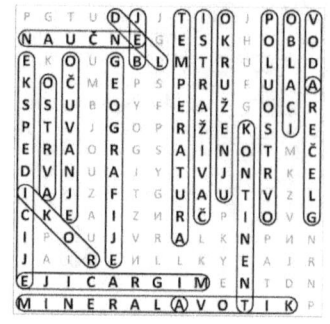

64 - Libri

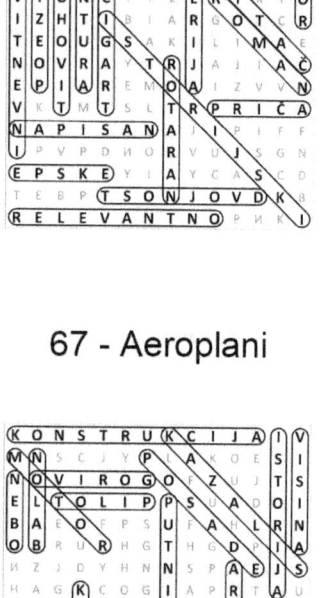

65 - Geografia

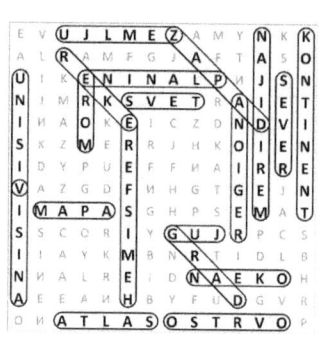

66 - Cibo #1

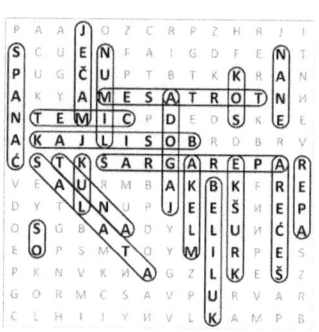

67 - Aeroplani

68 - Governo

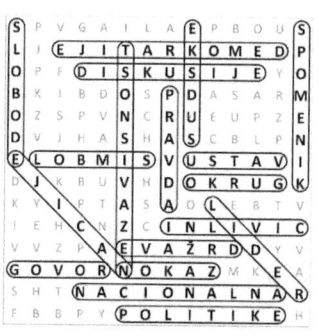

69 - Bellezza

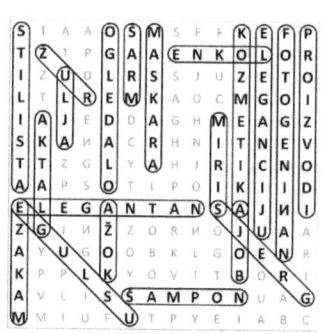

70 - Avventura

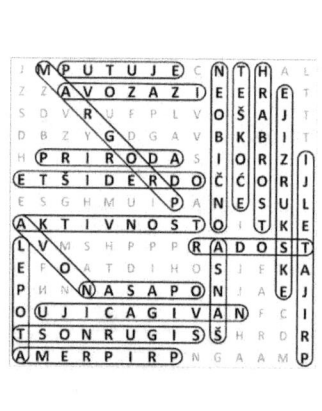

71 - Forme

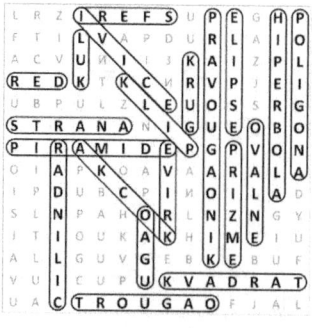

72 - Oceano

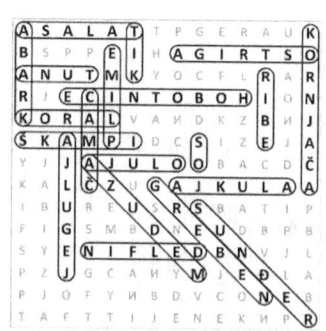

73 - Famiglia

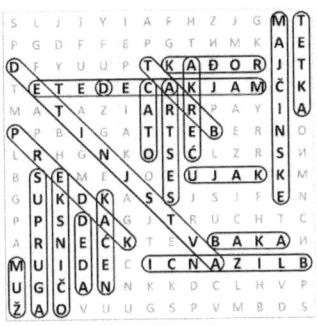

74 - Creatività

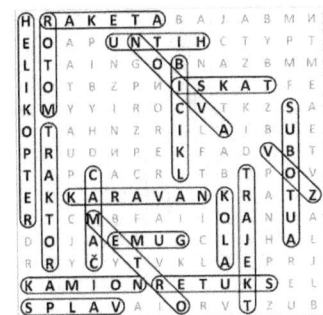

75 - Veicoli

76 - Emozioni

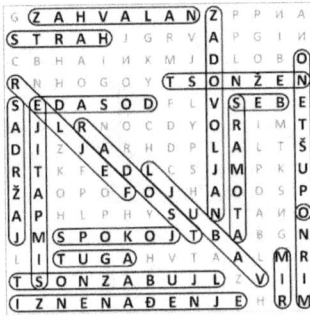

77 - Natura

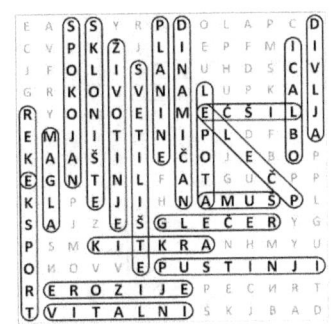

78 - Balletto

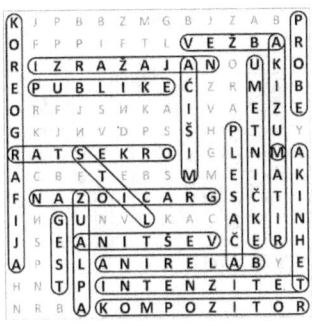

79 - Paesi #1

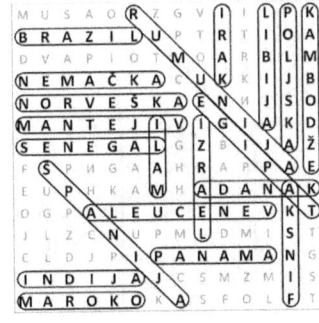

80 - Geometria

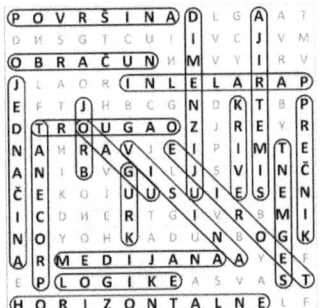

81 - Foresta Pluviale

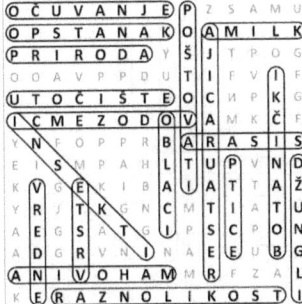

82 - Edifici

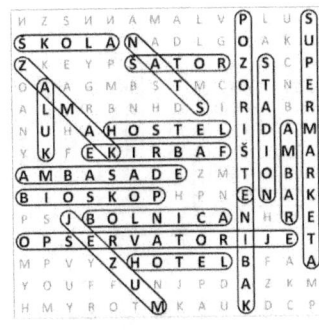

83 - Paesi #2

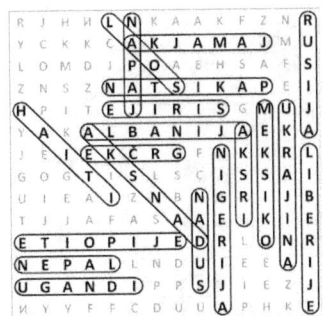

84 - Tipi di Capelli

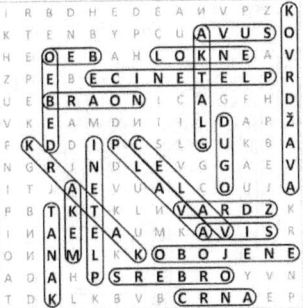

85 - Vestiti

86 - Attività e Tempo Libero

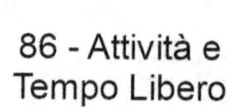
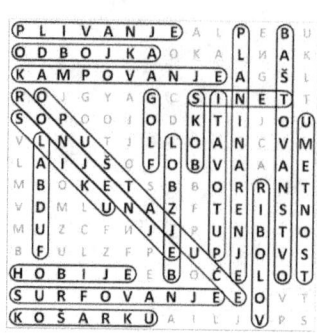

87 - Arte

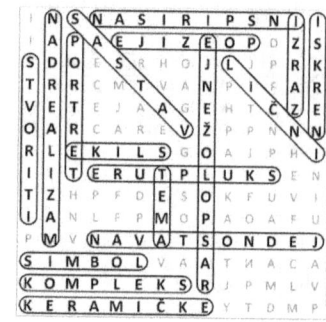

88 - Meteo

89 - Corpo Umano

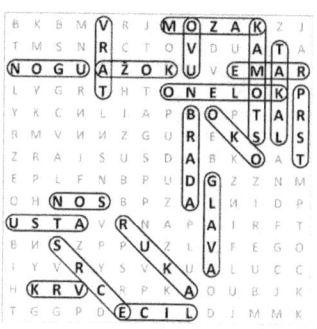

90 - Mammiferi

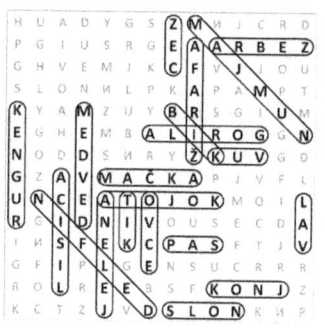

91 - Animali Domestici

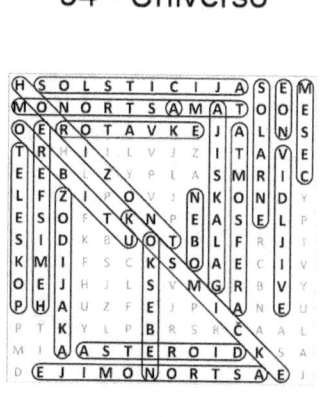

92 - Cucina

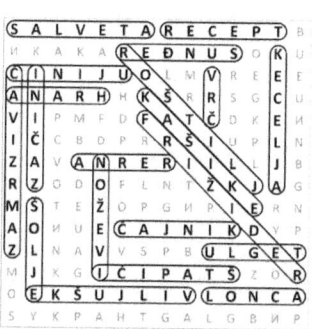

93 - Giardinaggio

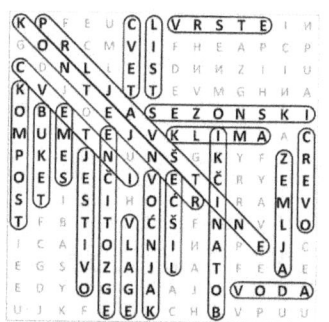

94 - Universo

95 - Jazz

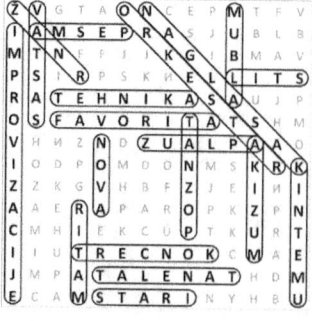

96 - Vacanze #2

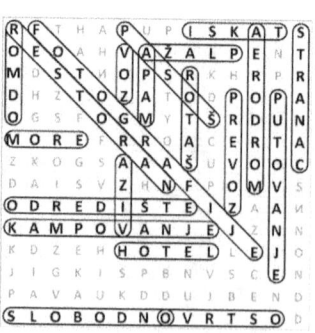

97 - Attività

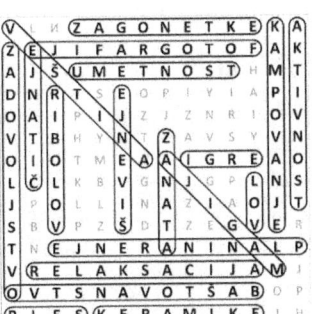

98 - Diplomazia

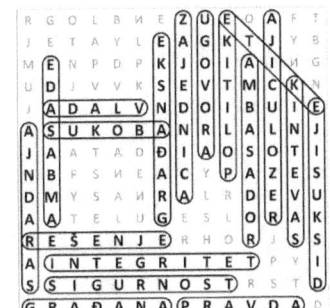

99 - Forniture Artistiche

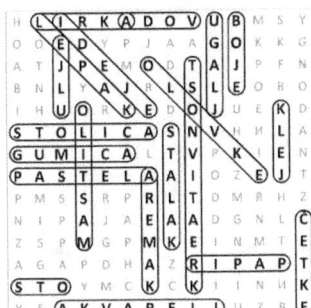

100 - Misurazioni

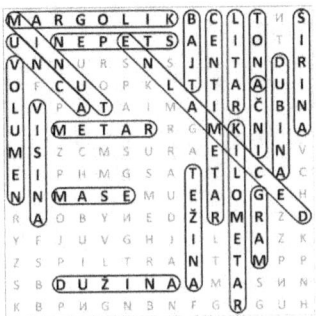

Dizionario

Acqua
Voda

Alluvione	Poplava
Canale	Kanal
Doccia	Tuš
Evaporazione	Isparavanja
Fiume	Reke
Gelo	Mraz
Geyser	Gejzir
Ghiaccio	Led
Irrigazione	Navodnjavanje
Lago	Jezero
Monsone	Monsun
Neve	Sneg
Oceano	Okeana
Onde	Talasa
Pioggia	Kiše
Potabile	Pitke
Umidità	Vlage
Umido	Vlažne
Uragano	Uragan
Vapore	Pare

Aeroplani
Avioni

Altezza	Visina
Altitudine	Visinu
Aria	Vazduh
Atmosfera	Atmosfera
Atterraggio	Sletanja
Avventura	Avantura
Carburante	Gorivo
Cielo	Nebo
Costruzione	Konstrukcija
Direzione	Pravcu
Discesa	Silazak
Equipaggio	Posade
Idrogeno	Vodonik
Motore	Motor
Navigare	Kretanje
Palloncino	Balon
Passeggero	Putnik
Pilota	Pilot
Storia	Istorija
Turbolenza	Turbulencije

Aggettivi #1
Придеви Бр.

Ambizioso	Ambiciozan
Aromatico	Aromatično
Artistico	Umetničke
Assoluto	Apsolutne
Attivo	Aktivan
Enorme	Ogroman
Esotico	Egzotične
Generoso	Velikodušan
Giovane	Mlad
Grande	Velika
Identico	Identičan
Importante	Važno
Lento	Sporo
Lungo	Dugo
Moderno	Moderan
Onesto	Iskren
Perfetto	Savršeno
Pesante	Teška
Prezioso	Vredne
Sottile	Tanak

Aggettivi #2
Придеви Бр.

Affamato	Gladan
Asciutto	Suva
Autentico	Autentičan
Creativo	Kreativne
Descrittivo	Opisni
Dolce	Slatko
Drammatico	Dramatičan
Elegante	Elegantan
Famoso	Poznat
Forte	Jak
Interessante	Zanimljivo
Naturale	Prirodno
Normale	Normalno
Nuovo	Nova
Orgoglioso	Ponosni
Produttivo	Produktivni
Puro	Čista
Responsabile	Odgovoran
Salato	Slano
Sano	Zdrav

Algebra
Algebra

Diagramma	Dijagram
Divisione	Odsek
Equazione	Jednačina
Esponente	Eksponent
Falso	Lažne
Fattore	Faktor
Formula	Formulu
Frazione	Frakcija
Grafico	Graf
Infinito	Beskrajna
Lineare	Linearne
Matrice	Matrica
Numero	Broj
Parentesi	Zagrada
Problema	Problem
Quantità	Količina
Soluzione	Rešenje
Sottrazione	Oduzimanje
Variabile	Promenljiva
Zero	Nula

Animali Domestici
Kućni Ljubimci

Acqua	Voda
Cane	Pas
Capra	Koza
Cibo	Hrana
Coda	Rep
Collare	Okovratnik
Coniglio	Zec
Criceto	Hrčak
Cucciolo	Štene
Gattino	Mače
Gatto	Mačka
Guinzaglio	Povodac
Lucertola	Gušter
Mucca	Krava
Pappagallo	Papagaj
Pesce	Ribe
Tartaruga	Kornjača
Topo	Miš
Veterinario	Veterinar
Zampe	Šape

Antartide
Антарктика

Acqua	Voda
Ambiente	Okruženju
Baia	Bej
Balene	Kitova
Conservazione	Očuvanje
Continente	Kontinent
Geografia	Geografije
Ghiacciai	Glečera
Ghiaccio	Led
Isole	Ostrva
Migrazione	Migracije
Minerali	Minerala
Nuvole	Oblaci
Penisola	Poluostrvo
Ricercatore	Istraživač
Roccioso	Roki
Scientifico	Naučne
Spedizione	Ekspedicije
Temperatura	Temperatura
Topografia	Topografije

Antiquariato
Antikviteti

Arte	Umetnost
Asta	Aukciji
Autentico	Autentičan
Condizione	Stanje
Decenni	Decenija
Decorativo	Dekorativne
Elegante	Elegantan
Galleria	Galerija
Insolito	Neobično
Investimento	Investicija
Mobilio	Nameštaj
Monete	Kovanice
Prezzo	Cena
Qualità	Kvalitet
Restauro	Restauracija
Scultura	Skulpture
Secolo	Vek
Stile	Stil
Valore	Vrednost
Vecchio	Stari

Api
Pčele

Ali	Krila
Alveare	Košnice
Benefico	Koristan
Cera	Vosak
Cibo	Hrana
Diversità	Raznolikost
Ecosistema	Ekosistem
Fiori	Cveće
Fiorire	Cvet
Frutta	Voće
Fumo	Dim
Giardino	Bašta
Habitat	Stanište
Insetto	Insekt
Miele	Med
Piante	Biljke
Polline	Polen
Regina	Kraljica
Sciame	Roj
Sole	Sunce

Archeologia
Arheologija

Analisi	Analiza
Anni	Godine
Antichità	Antike
Civiltà	Civilizacije
Dimenticato	Zaboravio
Discendente	Potomak
Era	Ere
Esperto	Ekspert
Fossile	Fosil
Mistero	Misterija
Oggetti	Objekte
Ossa	Kosti
Professore	Profesor
Reliquia	Relikvija
Ricercatore	Istraživač
Sconosciuto	Nepoznat
Squadra	Tim
Tempio	Hram
Tomba	Grobnica
Valutazione	Procena

Arte
Umetnost

Ceramica	Keramičke
Complesso	Kompleks
Composizione	Sastav
Creare	Stvoriti
Dipinti	Slike
Espressione	Izraz
Ispirato	Inspirisan
Onesto	Iskren
Originale	Originalne
Personale	Lični
Poesia	Poezije
Ritrarre	Portret
Scultura	Skulpture
Semplice	Jednostavan
Simbolo	Simbol
Soggetto	Tema
Surrealismo	Nadrealizam
Umore	Raspoloženje
Visivo	Vizuelni

Arti Visive
Vizuelne Umetnosti

Architettura	Arhitektura
Argilla	Gline
Artista	Umetnik
Capolavoro	Remek-Delo
Carbone	Ugalj
Cavalletto	Stalak
Cera	Vosak
Ceramica	Keramike
Composizione	Sastav
Creatività	Kreativnost
Film	Film
Fotografia	Fotografija
Gesso	Krede
Matita	Olovka
Pittura	Slikarstvo
Prospettiva	Perspektive
Ritratto	Portret
Scultura	Skulpture
Stampino	Šablon
Vernice	Lak

Astronomia
Astronomija

Asteroide	Asteroid
Astronauta	Astronauta
Astronomo	Astronom
Cielo	Nebo
Cosmo	Kosmos
Costellazione	Sazvežđe
Equinozio	Ravnodnevnica
Galassia	Galaksija
Gravità	Gravitacije
Luna	Mesec
Meteora	Meteor
Nebulosa	Nebula
Osservatorio	Opservatorije
Pianeta	Planete
Radiazione	Zračenja
Razzo	Raketa
Supernova	Supernova
Telescopio	Teleskop
Terra	Zemlje
Universo	Svemir

Attività
Aktivnosti

Abilità	Veština
Arte	Umetnost
Artigianato	Zanata
Attività	Aktivnost
Caccia	Lov
Campeggio	Kampovanje
Ceramica	Keramike
Cucire	Šivenje
Danza	Ples
Escursioni	Planinarenje
Fotografia	Fotografije
Giardinaggio	Baštovanstvo
Giochi	Igre
Lettura	Čitanje
Magia	Magija
Pesca	Ribolov
Piacere	Zadovoljstvo
Puzzle	Zagonetke
Rilassamento	Relaksacija
Tempo Libero	Slobodno

Attività Commerciale
Biznis

Bilancio	Budžet
Carriera	Karijera
Costo	Troška
Datore di Lavoro	Poslodavca
Dipendente	Zaposlenog
Economia	Ekonomije
Fabbrica	Fabrike
Finanza	Finansija
Investimento	Investicija
Merce	Robe
Negozio	Radnju
Profitto	Dobit
Reddito	Prihod
Sconto	Popust
Società	Kompanija
Soldi	Novac
Transazione	Transakcije
Ufficio	Kancelarije
Valuta	Valute
Vendita	Prodaja

Attività e Tempo Libero
Aktivnosti i Slobodno Vr

Arte	Umetnost
Baseball	Bejzbol
Basket	Košarku
Boxe	Boks
Calcio	Fudbal
Campeggio	Kampovanje
Escursioni	Planinarenje
Giardinaggio	Baštovanstvo
Golf	Golf
Hobby	Hobije
Immersione	Ronjenje
Nuoto	Plivanje
Pallavolo	Odbojka
Pesca	Ribolov
Pittura	Sliku
Rilassante	Opuštajuće
Surf	Surfovanje
Tennis	Tenis
Viaggio	Putovati

Avventura
Avantura

Amici	Prijatelji
Attività	Aktivnost
Bellezza	Lepota
Caso	Šansa
Coraggio	Hrabrost
Destinazione	Odredište
Difficoltà	Teškoće
Entusiasmo	Entuzijazam
Escursione	Ekskurzije
Gioia	Radost
Insolito	Neobično
Itinerario	Program
Natura	Priroda
Navigazione	Navigaciju
Nuovo	Nova
Pericoloso	Opasan
Preparazione	Priprema
Sfide	Izazova
Sicurezza	Sigurnost
Viaggi	Putuje

Balletto
Balet

Abilità	Veština
Applauso	Aplauz
Artistico	Umetničke
Ballerina	Balerina
Ballerini	Plesača
Compositore	Kompozitor
Coreografia	Koreografija
Espressivo	Izražajan
Gesto	Gest
Grazioso	Graciozan
Intensità	Intenzitet
Muscoli	Mišića
Musica	Muzika
Orchestra	Orkestar
Pratica	Vežba
Prova	Probe
Pubblico	Publike
Ritmo	Ritam
Stile	Stil
Tecnica	Tehnika

Barbecue
Роштиљ

Caldo	Vruće
Cena	Večera
Cibo	Hrana
Cipolle	Luk
Coltelli	Noževi
Estate	Leto
Fame	Glad
Famiglia	Porodica
Frutta	Voće
Giochi	Igre
Griglia	Roštilj
Insalate	Salate
Invito	Poziv
Musica	Muzika
Pepe	Biber
Pollo	Pile
Pomodori	Paradajz
Pranzo	Ručak
Sale	So
Salsa	Sos

Bellezza
Lepota

Colore	Boja
Cosmetici	Kozmetika
Elegante	Elegantan
Eleganza	Eleganciju
Fascino	Šarm
Forbici	Makaze
Fotogenico	Fotogeniиan
Fragranza	Miris
Grazia	Grejs
Liscio	Glatka
Mascara	Maskara
Oli	Ulja
Pelle	Koža
Prodotti	Proizvodi
Riccioli	Lokne
Rossetto	Ruž
Servizi	Usluge
Shampoo	Šampon
Specchio	Ogledalo
Stilista	Stilista

Boxe
Boks

Abilità	Veština
Angolo	Ugao
Arbitro	Sudija
Avversario	Protivnik
Calcio	Šutni
Campana	Zvono
Combattente	Borac
Corde	Užad
Corpo	Telo
Esaurito	Iscrpljen
Forza	Snage
Fuoco	Fokus
Gomito	Lakat
Guanti	Rukavice
Mento	Brada
Pugno	Pesnica
Punti	Poeni
Rapido	Brzo
Recupero	Oporavak

Campeggio
Kampovanje

Alberi	Drveća
Amaca	Viseća
Animali	Životinje
Avventura	Avantura
Bussola	Kompas
Cabina	Kabine
Caccia	Lov
Canoa	Kanu
Cappello	Šešir
Corda	Konopac
Divertimento	Zabava
Foresta	Šuma
Fuoco	Požar
Insetto	Insekt
Lago	Jezero
Luna	Mesec
Mappa	Mapa
Montagna	Planine
Natura	Priroda
Tenda	Šator

Casa
Kuća

Attico	Tavanu
Biblioteca	Biblioteke
Camera	Soba
Camino	Kamin
Cucina	Kuhinja
Doccia	Tuš
Finestra	Prozor
Garage	Garaža
Giardino	Bašta
Lampada	Lampa
Parete	Zid
Pavimento	Pod
Porta	Vrata
Recinto	Ograde
Rubinetto	Slavina
Scopa	Metla
Soffitto	Plafon
Specchio	Ogledalo
Tappeto	Tepih
Tetto	Krov

Chimica
Hemija

Acido	Kiseline
Alcalino	Alkalne
Atomico	Atomske
Calore	Toplote
Carbonio	Ugljenik
Catalizzatore	Katalizator
Cloro	Hlor
Elettrone	Elektron
Enzima	Enzim
Gas	Gas
Idrogeno	Vodonik
Ione	Jon
Liquido	Tečnog
Molecola	Molekul
Nucleare	Nuklearne
Organico	Organski
Ossigeno	Kiseonik
Peso	Težina
Sale	So
Temperatura	Temperatura

Cibo #1
Храна Бр.

Aglio	Beli Luk
Basilico	Bosiljak
Cannella	Cimet
Carne	Mesa
Carota	Šargarepa
Cipolla	Luk
Fragola	Jagoda
Insalata	Salata
Latte	Mleka
Limone	Limun
Menta	Nane
Orzo	Ječam
Pera	Kruške
Rapa	Repa
Sale	So
Spinaci	Spanać
Succo	Sok
Tonno	Tuna
Torta	Torta
Zucchero	Šećera

Cibo #2
Храна # 2

Banana	Banane
Broccolo	Brokoli
Ciliegia	Višnje
Cioccolato	Čokolada
Formaggio	Sir
Fungo	Gljiva
Grano	Pšenice
Kiwi	Kivi
Mela	Jabuka
Melanzana	Patlidžan
Pane	Hleb
Pesce	Ribe
Pollo	Pile
Pomodoro	Paradajz
Prosciutto	Šunka
Riso	Pirinač
Sedano	Celer
Uovo	Jaje
Uva	Grožđa
Yogurt	Jogurt

Cioccolato
Čokolada

Amaro	Gorka
Antiossidante	Antioksidans
Arachidi	Kikiriki
Aroma	Arome
Artigianale	Zanatski
Cacao	Kakao
Calorie	Kalorija
Caramella	Bombona
Caramello	Karamel
Delizioso	Ukusno
Dolce	Slatko
Esotico	Egzotične
Gusto	Ukus
Ingrediente	Sastojak
Noce di Cocco	Kokos
Polvere	Prah
Preferito	Omiljeni
Qualità	Kvalitet
Ricetta	Recept
Zucchero	Šećera

Circo
Cirkus

Acrobata	Akrobat
Animali	Životinje
Biglietto	Kartu
Caramella	Bombona
Clown	Klovn
Costume	Kostim
Elefante	Slon
Giocoliere	Žongler
Leone	Lav
Magia	Magija
Mago	Mađioničar
Musica	Muzika
Palloncini	Baloni
Parata	Parada
Scimmia	Majmun
Spettacolare	Spektakularan
Spettatore	Gledalac
Tenda	Šator
Tigre	Tigar
Trucco	Trik

Città
Grad

Aeroporto	Aerodrom
Banca	Banke
Biblioteca	Biblioteke
Cinema	Bioskop
Clinica	Klinici
Farmacia	Apoteke
Fiorista	Cvećar
Galleria	Galerija
Hotel	Hotel
Libreria	Knjižara
Mercato	Tržište
Museo	Muzej
Negozio	Prodavnica
Panetteria	Pekara
Scuola	Škola
Stadio	Stadion
Supermercato	Supermarketa
Teatro	Pozorište
Università	Univerzitet
Zoo	Zoo Vrt

Corpo Umano
Ljudsko Telo

Bocca	Usta
Caviglia	Skočni Zglob
Cervello	Mozak
Collo	Vrat
Cuore	Srce
Dito	Prst
Faccia	Lice
Gamba	Nogu
Ginocchio	Koleno
Gomito	Lakat
Mano	Ruka
Mento	Brada
Naso	Nos
Occhio	Oko
Orecchio	Uvo
Pelle	Koža
Sangue	Krv
Spalla	Rame
Stomaco	Stomak
Testa	Glava

Creatività
Kreativnost

Abilità	Veština
Artistico	Umetničke
Autenticità	Autentičnost
Chiarezza	Jasnoće
Drammatico	Dramatičan
Emozioni	Emocija
Espressione	Izraz
Idee	Ideje
Immaginazione	Mašte
Immagine	Slika
Impressione	Utisak
Intensità	Intenzitet
Intuizione	Intuiciju
Inventivo	Inventivni
Ispirazione	Inspiracija
Sensazione	Senzacija
Sentimenti	Osećanja
Spontaneo	Spontani
Visioni	Vizije
Vitalità	Vitalnost

Cucina
Kuhinja

Bacchette	Štapići
Bollitore	Čajnik
Brocca	Vrč
Cibo	Hrana
Ciotola	Činiju
Coltelli	Noževi
Congelatore	Zamrzivač
Cucchiai	Kašike
Forchette	Viljuške
Forno	Rerna
Frigorifero	Frižider
Grembiule	Kecelja
Griglia	Roštilj
Mestolo	Lonca
Ricetta	Recept
Spezie	Začini
Spugna	Sunđer
Tazze	Šolje
Tovagliolo	Salveta
Vaso	Teglu

Diplomazia
Diplomatija

Ambasciata	Ambasade
Ambasciatore	Ambasador
Cittadini	Građana
Civico	Građanske
Comunità	Zajednica
Conflitto	Sukoba
Consigliere	Savetnik
Cooperazione	Saradnja
Diplomatico	Diplomatske
Discussione	Diskusije
Etica	Etike
Giustizia	Pravda
Governo	Vlada
Integrità	Integritet
Politica	Politike
Risoluzione	Rezolucija
Sicurezza	Sigurnost
Soluzione	Rešenje
Trattato	Ugovora
Umanitario	Humanitarne

Discipline Scientifiche
Naučne Discipline

Anatomia	Anatomije
Archeologia	Arheologije
Astronomia	Astronomije
Biochimica	Biohemije
Biologia	Biologije
Botanica	Botanike
Chimica	Hemije
Ecologia	Ekologije
Fisiologia	Fiziologije
Geologia	Geologije
Immunologia	Imunologije
Linguistica	Lingvistike
Meccanica	Mehanike
Meteorologia	Meteorologije
Mineralogia	Mineralogija
Neurologia	Neurologije
Psicologia	Psihologije
Sociologia	Sociologije
Termodinamica	Termodinamike
Zoologia	Zoologije

Ecologia
Ekologija

Clima	Klima
Comunità	Zajednice
Diversità	Raznolikost
Fauna	Faune
Flora	Flore
Globale	Globalno
Habitat	Stanište
Marino	Morskih
Natura	Priroda
Naturale	Prirodno
Palude	Močvara
Piante	Biljke
Risorse	Resurse
Siccità	Suše
Sopravvivenza	Opstanak
Sostenibile	Održiv
Specie	Vrste
Varietà	Različite
Vegetazione	Vegetacije
Volontari	Volontera

Edifici
Zgrade

Ambasciata	Ambasade
Appartamento	Stan
Cabina	Kabine
Castello	Zamak
Cinema	Bioskop
Fabbrica	Fabrike
Fienile	Ambar
Hotel	Hotel
Laboratorio	Laboratorija
Museo	Muzej
Ospedale	Bolnica
Osservatorio	Opservatorije
Ostello	Hostel
Scuola	Škola
Stadio	Stadion
Supermercato	Supermarketa
Teatro	Pozorište
Tenda	Šator
Torre	Kula
Università	Univerzitet

Elettricità
Електрична Енергија

Attrezzatura	Oprema
Batteria	Baterije
Cavo	Kabl
Conservazione	Skladište
Elettricista	Električar
Elettrico	Električni
Fili	Žice
Generatore	Generator
Lampada	Lampa
Lampadina	Sijalica
Laser	Laser
Magnete	Magnet
Negativo	Negativne
Oggetti	Objekte
Positivo	Pozitivno
Presa	Utičnica
Quantità	Količina
Rete	Mreža
Telefono	Telefon
Televisione	Televizija

Emozioni
Emocije

Amore	Ljubav
Beatitudine	Blaženstvo
Calma	Mirno
Contenuto	Sadržaj
Gentilezza	Ljubaznost
Gioia	Radost
Grato	Zahvalan
Imbarazzato	Sramota
Noia	Dosade
Pace	Mir
Paura	Strah
Rabbia	Bes
Rilassato	Opušteno
Rilievo	Reljef
Simpatia	Simpatije
Soddisfatto	Zadovoljan
Sorpresa	Iznenađenje
Tenerezza	Nežnost
Tranquillità	Spokoj
Tristezza	Tuga

Energia
Energija

Ambiente	Okruženju
Batteria	Baterije
Benzina	Benzin
Calore	Toplote
Carbonio	Ugljenik
Carburante	Gorivo
Diesel	Dizel
Elettrico	Električni
Elettrone	Elektron
Entropia	Entropije
Fotone	Foton
Idrogeno	Vodonik
Industria	Industrija
Inquinamento	Zagađenja
Motore	Motor
Nucleare	Nuklearne
Rinnovabile	Obnovljive
Turbina	Turbinu
Vapore	Pare
Vento	Vetar

Erboristeria
Herbalizam

Aglio	Beli Luk
Aneto	Mirođija
Aromatico	Aromatično
Basilico	Bosiljak
Culinario	Kulinarske
Dragoncello	Estragon
Finocchio	Komorač
Fiore	Cvet
Giardino	Bašta
Ingrediente	Sastojak
Lavanda	Lavande
Maggiorana	Majoran
Menta	Nane
Origano	Origano
Pianta	Biljka
Prezzemolo	Peršun
Qualità	Kvalitet
Rosmarino	Ruzmarin
Verde	Zelen
Zafferano	Šafran

Escursionismo
Planinarenje

Acqua	Voda
Animali	Životinje
Campeggio	Kampovanje
Clima	Klima
Guide	Vodiči
Mappa	Mapa
Montagna	Planine
Natura	Priroda
Orientamento	Položaj
Parchi	Parkova
Pericoli	Opasnosti
Pesante	Teška
Pietre	Kamenje
Preparazione	Priprema
Scogliera	Klif
Selvaggio	Divlja
Sole	Sunce
Stanco	Umoran
Stivali	Čizme
Vertice	Samit

Famiglia
Porodica

Antenato	Predak
Bambini	Deca
Bambino	Dete
Cugino	Rođak
Figlia	Ćerka
Fratello	Brat
Gemelli	Blizanci
Infanzia	Detinjstva
Madre	Majka
Marito	Muž
Materno	Majčinske
Moglie	Supruga
Nipote	Nećak
Nonna	Baka
Nonno	Deda
Padre	Otac
Paterno	Očinske
Sorella	Sestra
Zia	Tetka
Zio	Ujak

Fantascienza
Naučna Fantastika

Atomico	Atomske
Cinema	Bioskop
Distopia	Distopija
Esplosione	Eksplozije
Estremo	Ekstremne
Fantastico	Fantastičan
Fuoco	Požar
Futuristico	Futuristički
Galassia	Galaksija
Illusione	Iluzije
Immaginario	Imaginarne
Libri	Knjige
Misterioso	Tajanstven
Mondo	Svet
Oracolo	Proročište
Pianeta	Planete
Realistico	Realno
Robot	Robota
Tecnologia	Tehnologija
Utopia	Utopije

Fattoria #1
Фарма Бр.

Acqua	Voda
Agricoltura	Poljoprivrede
Ape	Pčela
Asino	Magarac
Campo	Polje
Cane	Pas
Capra	Koza
Cavallo	Konj
Fertilizzante	Đubriva
Fieno	Seno
Gatto	Mačka
Gregge	Jato
Maiale	Svinja
Miele	Med
Mucca	Krava
Pollo	Pile
Recinto	Ograde
Riso	Pirinač
Semi	Seme
Vitello	Tele

Fattoria #2
Фарма # 2

Agnello	Jagnje
Agricoltore	Farmer
Alveare	Košnica
Anatra	Patka
Animali	Životinje
Cibo	Hrana
Fienile	Ambar
Frutta	Voće
Frutteto	Voćnjak
Grano	Pšenice
Irrigazione	Navodnjavanje
Lama	Lame
Latte	Mleka
Mais	Kukuruz
Oche	Guske
Orzo	Ječam
Pastore	Pastir
Pecora	Ovce
Prato	Livada
Trattore	Traktor

Filantropia
Добротворна Организација

Bambini	Deca
Bisogno	Treba
Carità	Milostinju
Comunità	Zajednica
Contatti	Kontakti
Finanza	Finansija
Fondi	Sredstva
Generosità	Velikodušnost
Gioventù	Mladost
Globale	Globalno
Gruppi	Grupe
Missione	Misija
Obiettivi	Ciljeve
Onestà	Iskrenost
Persone	Ljudi
Programmi	Programi
Pubblico	Javni
Sfide	Izazova
Storia	Istorija
Umanità	Čovečanstvo

Fiori
Cveće

Dente di Leone	Maslačak
Gardenia	Gardenija
Gelsomino	Jasmin
Giglio	Lili
Girasole	Suncokret
Ibisco	Hibiskus
Lavanda	Lavande
Lilla	Jorgovan
Magnolia	Magnolije
Margherita	Dejzi
Mazzo	Buket
Orchidea	Orhideja
Papavero	Maka
Passiflora	Passionflover
Peonia	Božur
Petalo	Latica
Plumeria	Plumerija
Rosa	Ruža
Trifoglio	Detelina
Tulipano	Lala

Fisica
Fizika

Accelerazione	Ubrzanje
Atomo	Atom
Caos	Haos
Chimico	Hemijske
Densità	Gustine
Elettrone	Elektron
Espansione	Ekspanzija
Formula	Formulu
Frequenza	Frekvencija
Gas	Gas
Gravità	Gravitacije
Magnetismo	Magnetizam
Meccanica	Mehanike
Molecola	Molekul
Motore	Motor
Nucleare	Nuklearne
Particella	Čestica
Relatività	Relativnost
Universale	Univerzalna
Velocità	Brzine

Foresta Pluviale
Rainforest

Anfibi	Vodozemci
Botanico	Botanički
Clima	Klima
Comunità	Zajednica
Diversità	Raznolikost
Giungla	Džungli
Indigeno	Autohtonih
Insetti	Insekti
Mammiferi	Sisara
Muschio	Mahovina
Natura	Priroda
Nuvole	Oblaci
Preservazione	Očuvanje
Prezioso	Vredne
Restauro	Restauracija
Rifugio	Utočište
Rispetto	Poštovati
Sopravvivenza	Opstanak
Specie	Vrste
Uccelli	Ptice

Forme
Oblici

Angolo	Ugao
Arco	Luk
Bordi	Ivice
Cerchio	Krug
Cilindro	Cilindar
Cono	Klip
Cubo	Kocka
Curva	Krive
Ellisse	Elipse
Iperbole	Hiperbola
Lato	Strana
Linea	Red
Ovale	Ovalne
Piramide	Piramide
Poligono	Poligona
Prisma	Prizme
Quadrato	Kvadrat
Rettangolo	Pravougaonik
Sfera	Sferi
Triangolo	Trougao

Forniture Artistiche
Umetnički Pribor

Acqua	Voda
Acquerelli	Akvareli
Acrilico	Akril
Argilla	Klej
Carbone	Ugalj
Carta	Papir
Cavalletto	Stalak
Colla	Lepak
Colori	Boje
Creatività	Kreativnost
Gomma	Gumica
Idee	Ideje
Inchiostro	Mastilo
Matite	Olovke
Olio	Ulje
Pastelli	Pastela
Sedia	Stolica
Spazzole	Četke
Tavolo	Sto
Telecamera	Kamera

Forza e Gravità
Sila i Gravitacija

Asse	Ose
Attrito	Trenja
Centro	Centar
Dinamico	Dinamičan
Distanza	Udaljenost
Espansione	Ekspanzija
Fisica	Fizike
Impatto	Uticaj
Magnetismo	Magnetizam
Meccanica	Mehanike
Movimento	Pokretu
Orbita	Orbitu
Peso	Težina
Pianeti	Planete
Pressione	Pritisak
Proprietà	Svojstva
Scoperta	Otkriće
Tempo	Vreme
Universale	Univerzalna
Velocità	Brzina

Frutta
Voće

Albicocca	Kajsije
Ananas	Ananas
Arancia	Pomorandža
Avocado	Avokado
Bacca	Berri
Banana	Banane
Ciliegia	Višnje
Kiwi	Kivi
Lampone	Maline
Limone	Limun
Mango	Mango
Mela	Jabuka
Melone	Dinja
Mora	Kupina
Nettarina	Nektarina
Papaia	Papaja
Pera	Kruške
Pesca	Breskve
Prugna	Plam
Uva	Grožđa

Geografia
Geografija

Altitudine	Visinu
Atlante	Atlas
Città	Grad
Continente	Kontinent
Elevazione	Visina
Emisfero	Hemisfere
Fiume	Reke
Isola	Ostrvo
Mappa	Mapa
Mare	More
Meridiano	Meridijan
Mondo	Svet
Montagna	Planine
Nord	Sever
Oceano	Okean
Ovest	Zapad
Paese	Zemlju
Regione	Regiona
Sud	Jug
Territorio	Teritorije

Geologia
Geologija

Acido	Kiseline
Altopiano	Plato
Calcio	Kalcijum
Caverna	Kaverna
Continente	Kontinent
Corallo	Koral
Cristalli	Kristala
Erosione	Erozije
Fossile	Fosil
Geyser	Gejzir
Lava	Lava
Minerali	Minerala
Pietra	Kamen
Quarzo	Kvarc
Sale	So
Stalagmiti	Stalagmita
Stalattite	Stalaktit
Strato	Sloj
Terremoto	Zemljotres
Vulcano	Vulkan

Geometria
Geometrija

Altezza	Visina
Angolo	Ugao
Calcolo	Obračun
Cerchio	Krug
Curva	Krive
Diametro	Prečnik
Dimensione	Dimenziju
Equazione	Jednačina
Logica	Logike
Mediano	Medijana
Numero	Broj
Orizzontale	Horizontalne
Parallelo	Paralelni
Proporzione	Procenat
Segmento	Segment
Simmetria	Simetrija
Superficie	Površina
Teoria	Teorije
Triangolo	Trougao
Verticale	Vertikalne

Giardinaggio
Baštovanstvo

Acqua	Voda
Botanico	Botanički
Clima	Klima
Commestibile	Jestivo
Compost	Kompost
Contenitore	Kontejner
Esotico	Egzotične
Fiorire	Cvet
Floreale	Cvetni
Foglia	List
Fogliame	Lišće
Frutteto	Voćnjak
Mazzo	Buket
Semi	Seme
Specie	Vrste
Sporco	Prljavštine
Stagionale	Sezonski
Suolo	Zemlja
Tubo	Crevo
Umidità	Vlage

Giardino
Гарден

Albero	Drvo
Amaca	Viseća
Cespuglio	Grm
Erba	Trava
Erbacce	Korov
Fiore	Cvet
Frutteto	Voćnjak
Garage	Garaža
Giardino	Bašta
Pala	Lopata
Panca	Klupa
Prato	Travnjak
Rastrello	Grablje
Recinto	Ograde
Stagno	Jezeru
Suolo	Zemlja
Terrazza	Terasa
Trampolino	Trampolin
Tubo	Crevo
Vite	Vajn

Giorni e Mesi
Dani i Meseci

Agosto	Avgust
Anno	Godina
Aprile	April
Calendario	Kalendar
Dicembre	Decembar
Domenica	Subota
Febbraio	Februar
Gennaio	Januar
Giugno	Jun
Luglio	Jul
Lunedì	Ponedeljak
Martedì	Utorak
Marzo	Marš
Mercoledì	Sreda
Mese	Meseca
Novembre	Novembar
Ottobre	Oktobar
Settembre	Septembar
Settimana	Nedelja
Venerdì	Petak

Governo
Vlade

Capo	Lider
Cittadinanza	Državljanstva
Civile	Civilni
Costituzione	Ustav
Democrazia	Demokratije
Discorso	Govor
Discussione	Diskusije
Giudiziario	Sudske
Giustizia	Pravda
Indipendenza	Nezavisnost
Legge	Zakon
Libertà	Slobode
Monumento	Spomenik
Nazionale	Nacionalna
Nazione	Nacije
Politica	Politike
Quartiere	Okrug
Simbolo	Simbol
Stato	Države
Uguaglianza	Jednakost

Guida
Vožnja

Attenzione	Oprez
Auto	Kola
Autobus	Autobus
Carburante	Gorivo
Freni	Kočnice
Garage	Garaža
Gas	Gas
Incidente	Nesreća
Licenza	Licencu
Mappa	Mapa
Moto	Motor
Pedonale	Pešak
Pericolo	Opasnost
Polizia	Policija
Sicurezza	Sigurnost
Strada	Put
Traffico	Saobraćaja
Trasporto	Prevoz
Tunnel	Tunel
Velocità	Brzina

I Media
Mediji

Atteggiamenti	Stavova
Commerciale	Komercijalni
Comunicazione	Komunikacija
Digitale	Digitalni
Edizione	Izdanje
Educazione	Obrazovanje
Fatti	Činjenice
Finanziamento	Finansiranje
Foto	Fotografije
Giornali	Novine
Individuale	Pojedinac
Industria	Industrija
Intellettuale	Intelektualne
Locale	Lokalni
Online	Online
Opinione	Mišljenje
Pubblico	Javni
Radio	Radio
Rete	Mreža
Televisione	Televizija

Imbarcazioni
Brodovi

Albero	Jarbol
Ancora	Sidro
Barca a Vela	Jedrilica
Boa	Bova
Canoa	Kanu
Corda	Konopac
Equipaggio	Posade
Fiume	Reke
Kayak	Kajak
Lago	Jezero
Mare	More
Marea	Plime
Marinaio	Mornar
Motore	Motor
Nautico	Nautičkih
Oceano	Okean
Onde	Talasa
Traghetto	Trajekt
Yacht	Jahte
Zattera	Splav

Ingegneria
Инжењерска Уметност

Angolo	Ugao
Asse	Ose
Calcolo	Obračun
Costruzione	Konstrukcija
Diagramma	Dijagram
Diametro	Prečnik
Diesel	Dizel
Distribuzione	Distribucija
Energia	Energija
Forza	Snage
Ingranaggi	Zupčanika
Liquido	Tečnog
Macchina	Mašina
Misurazione	Merenje
Motore	Motor
Profondità	Dubina
Propulsione	Pogon
Rotazione	Rotacije
Stabilità	Stabilnost
Struttura	Struktura

Jazz
Džez

Album	Album
Applauso	Aplauz
Artista	Umetnik
Canzone	Pesma
Compositore	Kompozitor
Composizione	Sastav
Concerto	Koncert
Enfasi	Naglasak
Famoso	Poznat
Genere	Žanr
Improvvisazione	Improvizacije
Musica	Muzika
Nuovo	Nova
Orchestra	Orkestar
Preferiti	Favorita
Ritmo	Ritam
Stile	Stil
Talento	Talenat
Tecnica	Tehnika
Vecchio	Stari

L'Azienda
Kompanija

Creativo	Kreativne
Decisione	Odluka
Globale	Globalno
Industria	Industrija
Innovativo	Inovativne
Investimento	Investicija
Occupazione	Zaposlenje
Possibilità	Mogućnost
Presentazione	Prezentacija
Prodotto	Proizvod
Professionale	Profesionalni
Progresso	Napredak
Qualità	Kvalitet
Reddito	Prihod
Reputazione	Ugled
Rischi	Rizici
Risorse	Resurse
Salari	Plate
Tendenze	Trendove
Unità	Jedinice

Letteratura
Književnost

Analisi	Analiza
Analogia	Analogija
Aneddoto	Anegdota
Autore	Autor
Biografia	Biografija
Conclusione	Zaključak
Confronto	Poređenje
Descrizione	Opis
Dialogo	Dijalog
Genere	Žanr
Metafora	Metafora
Opinione	Mišljenje
Poesia	Pesma
Poetico	Pesničke
Rima	Rime
Ritmo	Ritam
Romanzo	Roman
Stile	Stil
Tema	Tema
Tragedia	Tragedije

Libri
Knjige

Autore	Autor
Avventura	Avantura
Collezione	Kolekcija
Contesto	Kontekst
Dualità	Dvojnost
Epico	Epske
Inventivo	Inventivni
Letterario	Književne
Lettore	Čitač
Narratore	Narator
Pagina	Strana
Poesia	Poezije
Rilevante	Relevantno
Romanzo	Roman
Scritto	Napisan
Serie	Serija
Storia	Priča
Storico	Istorijski
Tragico	Tragične
Umoristico	Duhovit

Mammiferi
Sisari

Balena	Kit
Cane	Pas
Canguro	Kengur
Cavallo	Konj
Cervo	Jelena
Coniglio	Zec
Coyote	Kojota
Delfino	Delfin
Elefante	Slon
Gatto	Mačka
Giraffa	Žirafa
Gorilla	Gorila
Leone	Lav
Lupo	Vuk
Orso	Medved
Pecora	Ovce
Scimmia	Majmun
Toro	Bik
Volpe	Lisica
Zebra	Zebra

Matematica
Matematike

Angoli	Uglova
Aritmetica	Aritmetika
Circonferenza	Obim
Decimale	Decimalne
Diametro	Prečnik
Divisione	Odsek
Equazione	Jednačina
Esponente	Eksponent
Frazione	Frakcija
Geometria	Geometrije
Parallelo	Paralelni
Parallelogramma	Paralelogram
Perimetro	Perimetar
Poligono	Poligona
Quadrato	Kvadrat
Raggio	Radijus
Rettangolo	Pravougaonik
Simmetria	Simetrija
Triangolo	Trougao
Volume	Volumen

Meditazione
Meditacija

Accettazione	Prihvatanje
Attenzione	Pažnja
Calma	Mirno
Chiarezza	Jasnoće
Compassione	Saosećanje
Emozioni	Emocija
Gentilezza	Ljubaznost
Gratitudine	Zahvalnost
Mentale	Mentalne
Mente	Um
Movimento	Pokret
Musica	Muzika
Natura	Priroda
Osservazione	Posmatranje
Pace	Mir
Pensieri	Misli
Postura	Stav
Prospettiva	Perspektive
Respirazione	Disanje
Silenzio	Tišina

Meteo
Vreme

Arcobaleno	Duga
Asciutto	Suva
Atmosfera	Atmosfera
Brezza	Povetarac
Cielo	Nebo
Clima	Klima
Fulmine	Munje
Ghiaccio	Led
Monsone	Monsun
Nebbia	Magla
Nube	Oblak
Polare	Polarni
Siccità	Suše
Temperatura	Temperatura
Tempesta	Oluja
Tornado	Tornado
Tropicale	Tropske
Tuono	Grmljavina
Uragano	Uragan
Vento	Vetar

Misurazioni
Меасурементс

Italiano	Traduzione
Altezza	Visina
Byte	Bajt
Centimetro	Centimetar
Chilogrammo	Kilogram
Chilometro	Kilometar
Decimale	Decimalne
Grado	Stepen
Grammo	Gram
Larghezza	Širina
Litro	Litar
Lunghezza	Dužina
Massa	Mase
Metro	Metar
Minuto	Minut
Oncia	Unca
Peso	Težina
Pollice	Inča
Profondità	Dubina
Tonnellata	Tona
Volume	Volumen

Mitologia
Mitologija

Archetipo	Arhetip
Comportamento	Ponašanje
Creatura	Stvorenje
Creazione	Stvaranje
Cultura	Kultura
Disastro	Katastrofe
Divinità	Božanstava
Eroe	Heroj
Forza	Snage
Fulmine	Munje
Gelosia	Ljubomore
Guerriero	Ratnik
Immortalità	Besmrtnost
Labirinto	Lavirint
Leggenda	Legenda
Magico	Magične
Mortale	Smrtni
Mostro	Čudovište
Tuono	Grmljavina
Vendetta	Osveta

Moda
Moda

Italiano	Traduzione
Abbigliamento	Odeću
Boutique	Butik
Caro	Skupo
Confortevole	Udoban
Elegante	Elegantan
Minimalista	Minimalista
Modello	Obrazac
Moderno	Moderan
Modesto	Skroman
Originale	Originalne
Pizzo	Čipke
Pratico	Praktične
Pulsanti	Dugmad
Ricamo	Vez
Semplice	Jednostavan
Sofisticato	Sofisticiran
Stile	Stil
Tendenza	Trend
Tessuto	Tkanina
Trama	Teksture

Musica
Muzika

Italiano	Traduzione
Album	Album
Armonia	Harmonije
Armonico	Harmonika
Ballata	Balada
Cantante	Pevačica
Cantare	Pevam
Classico	Klasične
Coro	Hor
Lirico	Lirski
Melodia	Melodi
Microfono	Mikrofon
Musicale	Muzičke
Musicista	Muzičar
Opera	Opere
Poetico	Pesničke
Registrazione	Snimanje
Ritmico	Ritmičke
Ritmo	Ritam
Strumento	Instrument
Vocale	Vokal

Natura
Priroda

Italiano	Traduzione
Animali	Životinje
Api	Pčele
Artico	Arktik
Bellezza	Lepota
Deserto	Pustinji
Dinamico	Dinamičan
Erosione	Erozije
Fiume	Reke
Fogliame	Lišće
Foresta	Šuma
Ghiacciaio	Glečer
Montagne	Planine
Nebbia	Magla
Nuvole	Oblaci
Rifugio	Sklonište
Santuario	Svetilište
Selvaggio	Divlja
Sereno	Spokojan
Tropicale	Tropske
Vitale	Vitalni

Numeri
Brojevi

Cinque	Pet
Decimale	Decimalne
Diciannove	Devetnaest
Diciassette	Sedamnaest
Diciotto	Osamnaest
Dieci	Deset
Dodici	Dvanaest
Due	Dva
Nove	Devet
Otto	Osam
Quattordici	Četrnaest
Quattro	Četiri
Quindici	Petnaest
Sedici	Šesnaest
Sei	Šest
Sette	Sedam
Tre	Tri
Tredici	Trinaest
Venti	Dvadeset
Zero	Nula

Nutrizione
Ishrana

Amaro	Gorka
Appetito	Apetit
Bilanciato	Uravnotežen
Calorie	Kalorija
Commestibile	Jestivo
Dieta	Dijeta
Digestione	Varenje
Fermentazione	Fermentacije
Gusto	Ukus
Liquidi	Tečnosti
Peso	Težina
Porzione	Deo
Proteine	Proteina
Qualità	Kvalitet
Salsa	Sos
Salute	Zdravlje
Sano	Zdrav
Spezie	Začini
Tossina	Otrov
Vitamina	Vitamin

Oceano
Okeana

Anguilla	Jegulja
Balena	Kit
Barca	Čamac
Corallo	Koral
Delfino	Delfin
Gamberetto	Škampi
Granchio	Kraba
Maree	Plime
Medusa	Meduza
Onde	Talasa
Ostrica	Ostriga
Pesce	Ribe
Polpo	Hobotnice
Sale	So
Scogliera	Greben
Spugna	Sunđer
Squalo	Ajkula
Tartaruga	Kornjača
Tempesta	Oluja
Tonno	Tuna

Paesaggi
Pejzaži

Cascata	Vodopad
Collina	Brdo
Deserto	Pustinji
Fiume	Reke
Geyser	Gejzir
Ghiacciaio	Glečer
Grotta	Pećine
Iceberg	Ledenog Brega
Isola	Ostrvo
Lago	Jezero
Mare	More
Montagna	Planine
Oasi	Oaze
Oceano	Okean
Palude	Močvara
Penisola	Poluostrvo
Spiaggia	Plaža
Tundra	Tundre
Valle	Dolini
Vulcano	Vulkan

Paesi #1
Zemlje #1

Brasile	Brazil
Cambogia	Kambodže
Canada	Kanada
Egitto	Egipat
Finlandia	Finska
Germania	Nemačka
India	Indija
Iraq	Irak
Israele	Izrael
Libia	Libija
Mali	Mali
Marocco	Maroko
Norvegia	Norveška
Panama	Panama
Polonia	Poljska
Romania	Rumunija
Senegal	Senegal
Spagna	Španija
Venezuela	Venecuela
Vietnam	Vijetnam

Paesi #2
Zemlje #2

Albania	Albanija
Danimarca	Danska
Etiopia	Etiopije
Giamaica	Jamajka
Giappone	Japan
Grecia	Grčke
Haiti	Haiti
Indonesia	Indonezija
Irlanda	Irska
Laos	Laos
Liberia	Liberije
Messico	Meksiko
Nepal	Nepal
Nigeria	Nigerija
Pakistan	Pakistan
Russia	Rusija
Siria	Sirije
Sudan	Sudan
Ucraina	Ukrajina
Uganda	Ugandi

Piante
Biljke

Albero	Drvo
Bacca	Berri
Bambù	Bambus
Botanica	Botanike
Cactus	Kaktus
Cespuglio	Grm
Crescere	Raste
Edera	Bršljan
Erba	Trava
Fagiolo	Pasulj
Fertilizzante	Đubriva
Fiore	Cvet
Flora	Flore
Fogliame	Lišće
Foresta	Šuma
Giardino	Bašta
Muschio	Mahovina
Petalo	Latica
Radice	Koren
Vegetazione	Vegetacije

Professioni #1
Професије Бр.

Allenatore	Trener
Ambasciatore	Ambasador
Artista	Umetnik
Astronomo	Astronom
Avvocato	Advokat
Ballerino	Plesačica
Banchiere	Bankar
Cacciatore	Lovac
Cartografo	Kartograf
Editore	Urednik
Farmacista	Farmaceut
Geologo	Geolog
Gioielliere	Zlatar
Infermiera	Sestra
Marinaio	Mornar
Musicista	Muzičar
Pianista	Pijanista
Psicologo	Psiholog
Scienziato	Naučnik
Veterinario	Veterinar

Professioni #2
Професије Бр.

Astronauta	Astronauta
Bibliotecario	Bibliotekar
Biologo	Biolog
Chirurgo	Hirurg
Dentista	Zubar
Filosofo	Filozof
Fotografo	Fotograf
Giardiniere	Baštovan
Giornalista	Novinar
Illustratore	Ilustrator
Ingegnere	Inženjer
Insegnante	Učitelj
Inventore	Pronalazač
Investigatore	Istražitelj
Linguista	Lingvista
Medico	Lekar
Pilota	Pilot
Pittore	Slikar
Ricercatore	Istraživač
Zoologo	Zoolog

Psicologia
Psihologija

Appuntamento	Sastanak
Clinico	Kliničke
Cognizione	Spoznaje
Comportamento	Ponašanje
Conflitto	Sukoba
Ego	Ego
Emozioni	Emocija
Esperienze	Iskustva
Idee	Ideje
Inconscio	Nesvesno
Infanzia	Detinjstva
Pensieri	Misli
Percezione	Percepcije
Personalità	Ličnosti
Problema	Problem
Realtà	Realnost
Sensazione	Senzacija
Subconscio	Podsvest
Terapia	Terapija
Valutazione	Procena

Salute e Benessere #1
Zdravlje i Vellness #1

Abitudine	Navika
Altezza	Visina
Attivo	Aktivan
Batteri	Bakterija
Clinica	Klinici
Fame	Glad
Farmacia	Apoteke
Frattura	Prelom
Medicina	Lek
Medico	Lekar
Muscoli	Mišića
Nervi	Živaca
Ormoni	Hormona
Pelle	Koža
Postura	Stav
Riflesso	Refleks
Rilassamento	Relaksacija
Terapia	Terapija
Trattamento	Tretman
Virus	Virus

Salute e Benessere #2
Zdravlje i Vellness #2

Allergia	Alergije
Anatomia	Anatomije
Appetito	Apetit
Caloria	Kalorija
Corpo	Telo
Dieta	Dijeta
Digestione	Varenje
Disidratazione	Dehidracije
Energia	Energija
Genetica	Genetike
Igiene	Higijene
Infezione	Infekcije
Malattia	Bolest
Massaggio	Masaža
Nutrizione	Ishrane
Ospedale	Bolnica
Peso	Težina
Sangue	Krv
Sano	Zdrav
Vitamina	Vitamin

Scienza
Nauka

Atomo	Atom
Chimico	Hemijske
Clima	Klima
Dati	Podataka
Esperimento	Eksperiment
Evoluzione	Evolucije
Fatto	Stvari
Fisica	Fizike
Fossile	Fosil
Gravità	Gravitacije
Ipotesi	Hipoteze
Laboratorio	Laboratorija
Metodo	Metod
Minerali	Minerala
Molecole	Molekula
Natura	Priroda
Organismo	Organizma
Osservazione	Posmatranje
Particelle	Čestice
Scienziato	Naučnik

Spezie
Začini

Aglio	Beli Luk
Amaro	Gorka
Anice	Anisa
Cannella	Cimet
Cardamomo	Kardamom
Cipolla	Luk
Coriandolo	Korijander
Cumino	Kumin
Curcuma	Turmeric
Curry	Kari
Dolce	Slatko
Finocchio	Komorač
Gusto	Ukus
Liquirizia	Sladiće
Paprika	Paprika
Pepe	Biber
Sale	So
Vaniglia	Vanile
Zafferano	Šafran
Zenzero	Đumbir

Strumenti Musicali
Muzički Instrumenti

Armonica	Harmonika
Arpa	Harfe
Bacchette	Batak
Banjo	Bendžo
Chitarra	Gitara
Clarinetto	Klarinet
Fagotto	Fagot
Flauto	Flauta
Gong	Gong
Mandolino	Mandolina
Oboe	Obou
Percussione	Udaraljke
Pianoforte	Klavir
Sassofono	Saksofon
Tamburello	Tamburaša
Tamburo	Bubanj
Tromba	Truba
Trombone	Trombon
Violino	Violinu
Violoncello	Violončelo

Tempo
Vreme

Anno	Godina
Annuale	Godišnje
Calendario	Kalendar
Decennio	Decenije
Dopo	Posle
Futuro	Budućnost
Giorno	Dan
Ieri	Juče
Mattina	Jutro
Mese	Meseca
Mezzogiorno	Podne
Minuto	Minut
Momento	Trenutak
Notte	Noć
Oggi	Danas
Ora	Sat
Presto	Uskoro
Prima	Pre
Secolo	Vek
Settimana	Nedelja

Tipi di Capelli
Tipovi Kose

Argento	Srebro
Asciutto	Suva
Bianco	Beo
Biondo	Plava
Breve	Kratak
Calvo	Ćelav
Colorato	Obojene
Grigio	Siva
Intrecciato	Pleteni
Liscio	Glatka
Lungo	Dugo
Marrone	Braon
Morbido	Meka
Nero	Crna
Riccio	Kovrdžava
Riccioli	Lokne
Sano	Zdrav
Sottile	Tanak
Spessore	Debeo
Trecce	Pletenice

Uccelli
Ptice

Airone	Heron
Anatra	Patka
Aquila	Orao
Cicogna	Roda
Cigno	Labud
Colomba	Golub
Cuculo	Kukavica
Falco	Soko
Fenicottero	Flamingo
Gabbiano	Galeb
Oca	Guska
Pappagallo	Papagaj
Passero	Vrapca
Pavone	Paun
Pellicano	Pelikan
Pinguino	Pingvin
Pollo	Pile
Struzzo	Noja
Tucano	Tukan
Uovo	Jaje

Universo
Univerzum

Asteroide	Asteroid
Astronomia	Astronomije
Astronomo	Astronom
Atmosfera	Atmosfera
Buio	Tama
Celeste	Nebesko
Cielo	Nebo
Cosmico	Kosmičke
Emisfero	Hemisfere
Eone	Eon
Equatore	Ekvator
Galassia	Galaksija
Luna	Mesec
Orbita	Orbitu
Orizzonte	Horizont
Solare	Solarne
Solstizio	Solsticija
Telescopio	Teleskop
Visibile	Vidljive
Zodiaco	Zodijaka

Vacanze #2
Одмор # 2

Aeroporto	Aerodrom
Campeggio	Kampovanje
Destinazione	Odredište
Foto	Fotografije
Hotel	Hotel
Isola	Ostrvo
Mappa	Mapa
Mare	More
Passaporto	Pasoš
Ristorante	Restoran
Spiaggia	Plaža
Straniero	Stranac
Taxi	Taksi
Tempo Libero	Slobodno
Tenda	Šator
Trasporto	Prevoz
Treno	Voz
Vacanza	Odmor
Viaggio	Putovanje
Visto	Viza

Veicoli
Vozila

Aereo	Avion
Ambulanza	Hitnu
Auto	Kola
Autobus	Autobus
Barca	Čamac
Bicicletta	Bicikl
Camion	Kamion
Caravan	Karavan
Elicottero	Helikopter
Metropolitana	Metro
Motore	Motor
Pneumatici	Gume
Razzo	Raketa
Scooter	Skuter
Sottomarino	Podmornice
Taxi	Taksi
Traghetto	Trajekt
Trattore	Traktor
Treno	Voz
Zattera	Splav

Verdure
Povrće

Aglio	Beli Luk
Broccolo	Brokoli
Carciofo	Artičoke
Carota	Šargarepa
Cetriolo	Krastavac
Cipolla	Luk
Fungo	Gljiva
Insalata	Salata
Melanzana	Patlidžan
Patata	Krompir
Pisello	Graška
Pomodoro	Paradajz
Prezzemolo	Peršun
Rapa	Repa
Ravanello	Rotkvica
Scalogno	Šalot
Sedano	Celer
Spinaci	Spanać
Zenzero	Đumbir
Zucca	Bundeve

Vestiti
Odeća

Abito	Haljina
Braccialetto	Narukvica
Camicetta	Bluza
Camicia	Košulja
Cappello	Šešir
Cappotto	Kaput
Cintura	Pojas
Collana	Ogrlica
Giacca	Jaknu
Gonna	Suknja
Grembiule	Kecelja
Guanti	Rukavice
Jeans	Farmerke
Maglione	Džemper
Moda	Moda
Pantaloni	Pantalone
Pigiama	Pidžame
Sandali	Sandale
Scarpa	Cipela
Sciarpa	Šal

Congratulazioni

Ce l'hai fatta!

Speriamo che questo libro vi sia piaciuto tanto quanto a noi è piaciuto concepirlo. Ci sforziamo di creare libri della più alta qualità possibile.
Questa edizione è progettata per fornire un apprendimento intelligente, di qualità e divertente!

Le è piaciuto questo libro?

Una Semplice Richiesta

Questi libri esistono grazie alle recensioni che pubblicate.

Puoi aiutarci lasciando una recensione
ora a questo link ?

BestBooksActivity.com/Recensioni50

SFIDA FINALE!

Sfida n°1

Sei pronto per il tuo gioco gratuito? Li usiamo sempre, ma non sono così facili da trovare - ecco i **Sinonimi!**

Scrivi 5 parole che hai trovato nei puzzle (n° 21, n° 36, n° 76) e prova a trovare 2 sinonimi per ogni parola.

Scrivi 5 parole del **Puzzle 21**

Parole	Sinonimo 1	Sinonimo 2

Scrivi 5 parole del **Puzzle 36**

Parole	Sinonimo 1	Sinonimo 2

Scrivi 5 parole del **Puzzle 76**

Parole	Sinonimo 1	Sinonimo 2

Sfida n°2

Ora che ti sei riscaldato, scrivi 5 parole che hai trovato nei puzzle n° 9, n° 17 e n° 25 e cerca di trovare 2 contrari per ogni parola. Quanti ne puoi trovare in 20 minuti?

Scrivi 5 parole del **Puzzle 9**

Parole	Antonimo 1	Antonimo 2

Scrivi 5 parole del **Puzzle 17**

Parole	Antonimo 1	Antonimo 2

Scrivi 5 parole del **Puzzle 25**

Parole	Antonimo 1	Antonimo 2

Sfida n°3

Grande! Questa sfida non è niente per te!

Pronto per la sfida finale? Scegli 10 parole che hai scoperto nei diversi puzzle e scrivile qui sotto.

1.	6.
2.	7.
3.	8.
4.	9.
5.	10.

Ora scrivi un testo pensando a una persona, un animale o un luogo che ti piace.

Puoi usare l'ultima pagina di questo libro come bozza.

La tua composizione:

TACCUINO:

A PRESTO!

Tutta la Squadra